中韩企业社会价值研究

中韩企业社会价值研究联合课题组

著

Research on the Social Value of
Chinese and Korean
Enterprises

机械工业出版社
CHINA MACHINE PRESS

随着国际社会的发展，合作共赢成为主题，越来越多的企业意识到积极履行社会责任、创造社会价值，是企业树立良好社会形象、增强核心竞争力、实现可持续发展的内在需求。本次研究成果丰富，理论创新显著，具有重要意义。一是凝聚共识，对企业社会价值采取货币化评价的方法，使评价结果更直观、更好对比、更易接受、更适合宣传；二是在构建框架性评价体系的过程中，引入了投入—产出的理念，增强了对成本—效益的双重考量，促进企业选择最优路径；三是确立了企业经济价值及社会价值等综合价值最大化的核心思想，认为企业在不同阶段、不同环境、不同时间，自身对于两者的内在需求不同，需要综合考量、调节两者比率，实现可持续发展；四是认可社会价值仍处于研究的初级阶段，需要参照会计评估制度，进一步加强研究，尽快制定评估标准，设立不同产业、不同类型、不同地区企业的评估参照基准值。

本次研究只是中韩企业社会价值研究的起点，双方将继续进行合作研究，为国际社会共同进步、人类生存环境改善、发展成果共享创造理论基础与实践工具，为世界各国企业创造社会价值提供基本遵循。

图书在版编目（CIP）数据

中韩企业社会价值研究/中韩企业社会价值研究联合课题组著.—北京：机械工业出版社，2021.12

ISBN 978-7-111-69789-3

Ⅰ.①中… Ⅱ.①中… Ⅲ.①企业 – 价值 – 对比研究 – 中国、韩国 Ⅳ.①F270

中国版本图书馆CIP数据核字（2021）第248464号

机械工业出版社（北京市百万庄大街22号　邮政编码100037）
策划编辑：戴思杨　　责任编辑：刘怡丹
责任校对：李　伟　　责任印制：常天培
北京机工印刷厂有限公司印刷
2022年11月第1版第1次印刷
170mm×242mm · 13.25印张 · 1插页 · 201千字
标准书号：ISBN 978-7-111-69789-3
定价：59.00元

电话服务	网络服务
客服电话：010-88361066	机　工　官　网：www.cmpbook.com
010-88379833	机　工　官　博：weibo.com/cmp1952
010-68326294	金　书　网：www.golden-book.com
封底无防伪标均为盗版	机工教育服务网：www.cmpedu.com

中韩企业社会价值研究联合课题组

中国	韩国
□ 牵头人（Champion）	
彭华岗 国资委党委委员、秘书长	李亨熙 SK集团社会价值委员会委员长
□ 指导委员会（Steering Committee）	
王选文 国资委国际合作局局长	吴作义 SK集团中国区总裁
麻　健 国资委研究中心党委书记	罗硕权 社会价值研究院（CSES）院长
来　婷 国资委考核分配局副局长	丁铉千 SK集团社会价值委员会专务
张晓红 国资委科技创新和社会责任局副局长	崔　潗 SK集团全球成长委员会专务
谢　晖 国资委国际合作局副局长	李新明 SK集团中国区高级副总裁
杜国功 国资委研究中心党委副书记、高级会计师	具永谟 SK集团社会价值委员会常务
钟宏武 中国社科院企业社会责任研究中心主任	姜东秀 SK集团社会价值委员会常务
□ 执行组（Research Team）	
郑东华 国资委研究中心副主任、研究员	文命在 韩国延世大学行政学教授
张喆 国资委考核分配局综合处处长	金仁仙 韩国对外经济贸易大学副教授
王泽程 国资委社会责任局援扶工作处处长	吴潽焕 社会价值研究院总监
徐　驰 国资委国际合作局二处处长	许丞潗 社会价值研究院首席研究员
付颖杰 国资委国际合作局二级主任科员	洪　丹 社会价值研究院研究员

中国	韩国
张闽湘 中国社科院企业社会责任研究中心主任助理	吴英墺 韩国土地住宅公社未来革新室室长
戚 悦 国资委研究中心国际合作研究处副处长（主持工作）、副研究员	林唱修 韩国天然气公社经营协力处处长
李寒混 国资委研究中心企业改革研究处副处长（主持工作）、副研究员	孙真植 韩国道路公社优质就业岗位创造推进团团长
周建军 国资委研究中心国际合作研究处副处长、副研究员	金瀚想 韩国南东发电社会价值革新室室长
陈 慧 国资委研究中心国际合作研究处助理研究员	安荣株 大韩贸易投资振兴公社社会价值室室长
陈素波 国资委研究中心国际合作研究处工程师	李洙汉 SK集团社会价值委员会总监
李梓源 国资委研究中心国际合作研究处干部	金南烨 SK集团全球成长委员会总监
周泉生 中国石化企业文化部品牌室主任	朴天圭 SK集团社会价值委员会项目组长
李冬雪 中国华能规划部社会责任处副处长	韩沃景 SK集团社会价值委员会项目组长
文雪莲 中国移动发展战略部战略策划处经理	田福熙 北京SK幸福公益基金会秘书长
叶 云 东风公司党委工作部品牌传播处社会责任业务主任	陈艳平 SK中国区对外合作部总监
张 曦 中交集团党委宣传部宣传处负责人	
王 玮 中国华电党建工作部新闻处处长	
梁 霄 中国建材企业管理部高级经理	

前　言

随着国际社会的发展，合作共赢成为主题，越来越多的企业意识到积极履行社会责任、创造社会价值，是企业树立良好社会形象、增强核心竞争力、实现可持续发展的内在需求。中国国家主席习近平指出，"只有富有爱心的财富才是真正有意义的财富，只有积极承担社会责任的企业才是最有竞争力和生命力的企业"。国际社会高度重视企业社会责任的履行以及社会价值的创造，联合国、国际标准化组织、全球报告倡议组织等在全球积极推行企业社会责任。全球资本市场也要求上市公司履行社会责任，各大证券交易所高度重视上市公司在环境、社会及治理方面的披露和表现。

中韩两国已进行了丰富的企业社会责任、社会价值探索。中国方面，自 2008 年国务院国资委发布《关于中央企业履行社会责任的指导意见》以来，中央企业已成为中国企业履行社会责任的标杆与典范；韩国方面，以 SK 集团为首的大型企业，积极推行社会价值理念，构建"社会型企业"。

在新冠肺炎疫情期间，中韩企业皆成为抗击疫情的重要力量。在中国，中国建筑集团有限公司、中国机械工业集团有限公司、中国五矿集团有限公司、中国石油天然气集团有限公司等企业通力合作，以最快速度建成火神山、雷神山医院，收治重症病人；中国移动通信集团有限公司、中国华电集团有限公司、中国华能集团有限公司、国家电网有限公司等企业坚守岗位，保障疫情期间基础通信、电力的供应；中国石油化工集团有限公司紧急增产熔喷布等生产口罩的关键材料，主动发布合作信息，全量采购支援疫区；广东省广业集团有限公司、新兴际华集团有限公司等企业调用生产线，大力开发医用生产设备、生产医用物资，保障疫情期间防疫物资的供给；中国旅游集团有限公司结合扶贫攻坚，采购调度贫困地区农副物资，实现合理供给。在韩国，韩国道路公社、韩国铁道公社等 100 多家国有企业下调中小企业租金；韩国土地住宅公社集中购买因活动取消而滞销的农家花卉，将其赠送给顾客；SK 集团通过社会福利共同募捐会为大邱、庆北等疫情严重地区的孤儿院、养老院提供生活用品；SK 电讯为保障服务供给，增强员工健康防护，增加 40 亿韩元运营费用；SK Siltron（韩国半岛体硅晶圆制造商）向社会无偿提供口罩、消毒洗手液等应急物资。疫情期间两国企业的生动案例，体现了企业履行社会责任、创造社会价值的宝贵之处，同时对于更高效地创造社会价值也提出了新的要求。

与企业社会责任相比，企业社会价值是更为新兴的理念，其核心目标是通过对企业履行社会责任效果的评价，提升企业履行社会责任的效率，增强企业履行社会责任的内生动力。中韩两国十分重视企业社会价值研究。早在 2018 年博鳌论坛期间，中国国务院国资委和韩国 SK 集团就达成共识，开展联合研究，促进企业更主动地履行社会责任、更高效在创造社会价值。自 2018 年 12 月起，中国国务院国资委研究中心与韩国 SK 社会价值研究院积极商讨研究框架和研究内容，于 2019 年 2 月正式启动中韩企业社会价值研究。双方高度重视联合研究，中方由国务院国资委秘书长彭华岗牵头，韩方由 SK 集团社会价值委员会委员长李亨熙牵头，组建了包含政府机构、政府研究部门、国有企业、研究院所、高校共同参与的联合课题组。联合课题组在构建模型的过程中，对两国理论基础进行相互学习、探讨，充分沟通凝聚共识。历经 5 次会议沟通，通过对中韩多家企业进行调研、征求企业意见等多个环节，最终构建了框架性评价指标体系，于 2019 年 8 月在韩国"利川论坛"期间进行发布，于 9 月起邀请 7 家中国中央企业进行测试并导出测试结果。

本次研究成果丰富，理论创新显著，具有重要意义。一是凝聚共识，对企业社会价值采取货币化评价的方法，使评价结果更直观、更好对比、更易接受、更适合宣传；二是在构建框架性评价体系的过程中，引入了投入—产出的理念，增强了对于成本—效益的双重考量，促进企业选择最优路径；三是确立了企业经济价值及社会价值等综合价值最大化的核心思想，认为企业在不同阶段、不同环境、不同时间，自身对于两者的内在需求不同，需要综合考量、调节两者比率，实现可持续发展；四是认可社会价值仍处于研究的初级阶段，需要参照会计评估制度，进一步加强研究，尽快制定评估标准，设立不同产业、不同类型、不同地区企业的评估参照基准值。

前　言

　　经过充分的讨论与研究，双方认为相较于企业社会责任，企业社会价值在表现形式、宣传效果、效率评价、主体意愿等方面具有更加丰富的内涵，可以更有效地评估企业履行社会责任的效果，促进企业选择最高效的路径，营造社会认可的氛围，增强企业创造社会价值的意愿。这一理念有助于实现国际社会的共同发展，实践"人类命运共同体"的理念，共享企业发展成果。本次研究只是中韩企业社会价值研究的起点，双方将继续进行合作研究，为国际社会共同进步、人类生存环境改善、发展成果共享创造理论基础与实践工具，为世界各国企业创造社会价值提供基本遵循。

目　录

前　言
第一章　企业履行社会责任实践及研究发展 ························· 1
　一、理论研究与发展 ··· 1
　　（一）国际理论研究 ··· 1
　　（二）中国理论研究 ··· 5
　　（三）韩国理论研究 ··· 9
　二、企业社会责任的实践与发展 ································· 16
　　（一）国际动向 ··· 16
　　（二）韩国的实践经验 ······································· 19
　　（三）中国的实践经验 ······································· 24
　三、对社会价值的评估及评价 ··································· 35
　　（一）国际社会对可持续经营及社会价值的评价 ················· 35
　　（二）SK双重底线体系（SK Double Bottom Line，DBL） ········· 41
　　（三）CASS-CSR4.0中国企业社会责任发展指数指标体系 ·········· 46
　　（四）中国国内其他组织或机构的企业社会责任指标 ············· 52
　四、本章小结 ··· 56
第二章　中韩企业社会价值指标体系 ······························· 58
　一、中国企业社会价值指标体系 ································· 58
　　（一）中国企业社会价值指标体系的构建思路 ··················· 58
　　（二）公司治理 ··· 63
　　（三）社会 ··· 65
　　（四）环境 ··· 79
　二、韩国SK双重底线体系 ······································· 84
　　（一）韩国SK双重底线体系的特征 ····························· 84

目　录

  （二）治理 ………………………………………………………… 85
  （三）社会 ………………………………………………………… 86
  （四）环境 ………………………………………………………… 98

第三章　中韩企业社会价值指标体系的对比分析 ……………………… 104
 一、指标体系比较 …………………………………………………… 104
  （一）评估与指标体系的开发目的及开发过程 ………………… 104
  （二）指标体系的组成与效益领域 ……………………………… 105
 二、评估原则对比 …………………………………………………… 107
  （一）利益相关者会计原则 ……………………………………… 107
  （二）以结果为导向的评估 ……………………………………… 108
  （三）比较标准 …………………………………………………… 108
  （四）对基准价格的设定 ………………………………………… 110
  （五）评估范围 …………………………………………………… 110
  （六）其他评估算式的适用原则 ………………………………… 111
 三、具体指标对比 …………………………………………………… 111
  （一）治理 ………………………………………………………… 111
  （二）社会 ………………………………………………………… 112
  （三）环境 ………………………………………………………… 120

第四章　中韩企业社会价值案例分析 …………………………………… 130
 一、中国企业创造社会价值案例分析 ……………………………… 130
  （一）中国华能 …………………………………………………… 130
  （二）中国华电 …………………………………………………… 134
  （三）中国移动 …………………………………………………… 139
  （四）东风汽车 …………………………………………………… 148
  （五）中国建材 …………………………………………………… 151
  （六）中国交建 …………………………………………………… 168

（七）中国石化 ……………………………………………………… 173
　二、韩国企业的社会价值测量案例 ………………………………………… 177
　　　（一）SK电讯 …………………………………………………………… 177
　　　（二）SK创新 …………………………………………………………… 183
　　　（三）SK燃气 …………………………………………………………… 188
　　　（四）韩国土地住宅公社 ……………………………………………… 194

第五章　启示与展望 …………………………………………………………… 198
　一、启示 ……………………………………………………………………… 198
　　　（一）企业社会价值是优于企业社会责任的新理念 ………………… 198
　　　（二）兼顾投入—产出的指标体系，有利于企业选择最优路径
　　　　　　创造社会价值 ………………………………………………… 199
　　　（三）现代企业应根据内外部因素，追求"综合价值"最大化 …… 200
　　　（四）社会价值评测参照标准亟待完善 ……………………………… 200
　二、展望 ……………………………………………………………………… 201

第一章
企业履行社会责任实践及研究发展

一、理论研究与发展

（一）国际理论研究

对于企业社会责任（Corporate Social Responsibility，CSR）的定义和理解，企业、非政府组织（NGO）和政府经常是不一样的。作为代表人物，谢尔顿（Sheldon）于1924年明确提出了"企业社会责任"的概念，认为企业社会责任含有道德因素。[一] 彭罗斯（Penrose）在1959年出版的《企业成长理论》一书中提出，企业是人力资产和人际关系的集合。[二] 卡罗尔（Carroll）把社会责任的范围从传统的经济责任、法律责任拓展到了道德和慈善责任。[三] 总体上，企业社会责任的主张者认为企业社会责任可以增加公司的利润，而批评者认为企业社会责任偏离了公司的经济角色。

然而，既有的关于企业社会责任对企业经营绩效的影响是中性的，没有一个统一的说法，而企业社会责任也会因经济发展模式而有不同的模式或流派。例如，基于企业社会责任和股价的相关性，学者们就得出了非常差异化的结论。莫斯科维茨（Moskowitz，1972）在对14家企业社会责任表现较好的企业进行为期半年的观察后，发现企业股价的上涨水平高于同期大盘的上涨水平，由此他认为具有良好社会表现的企业是好的投资选择。[四] 万斯（Vance，1975）也对同一批企业展开了长达3年的追踪

[一] Oliver Sheldon, "The Social Responsibility of Management", *The Philosophy of Management*, London:SirIsaac Pitmanand SonsLtd., 1924.
[二] Edith Penrose, *The Theory of the Growth of the Firm*, Oxford: Blackwell, 1959.
[三] Archie B. Carroll. The Pyramid of Corporate Social Responsibility: Toward the Moral Management of Organizational Stakeholders, *Business Horizons*, 1991.
[四] Moskowitz, M. Choosing Socially Responsible Stocks. *Business & Society Review*, No.1,1972.

研究，却得出了完全相反的结论，他认为企业社会责任降低了股票价值。[一] 此外，罗曼（Roman）、海伊博（Hayibor）、阿格尔（Agle，1999）对格里芬（Griffin）和马洪（Mahon，1997）选取的51篇和新增10篇有关企业社会责任与财务绩效的实证研究报告再次进行了数据分析，得出正相关结论的研究报告数量一致（33篇），负相关（19篇）和无相关关系（9篇）与原来差异较大。[二]

基于企业社会责任和企业价值的相关性，学者们也得出了差异化的结论。希尔曼和凯姆（Hillman，Keim，2001）提出了倒"U"型关系，即企业在刚开始承担社会责任时会抑制企业价值，随着社会责任承担的推进，企业价值不断上升，达到某一阈值后，又会反转向下。[三] 巴塔查里亚和森（Bhattacharya，Sen，2004）的研究则得出相反的结果，即承担企业社会责任与企业价值之间呈现"U"型关系，但该阶段主要的研究结论仍以正相关关系为主。[四]

伴随着对企业社会责任的讨论，利益相关者理论也日益兴起。20世纪60年代以来，股东至上主义的原则和理念受到了挑战。企业社会责任引发了企业界和利益相关者（Stakeholders）的关注。利益相关者理论为企业履行社会责任提供了依据。传统的企业组织理论认为，股东是企业唯一的主人，企业有责任将股东的利益和要求置于首位。而利益相关者理论认为，除了股东，政府机构、债权人、贸易伙伴、贸易团体、社区、相关团体、未来的雇员、未来的消费者、公众甚至竞争者的利益也应该被考虑。越来越多的研究声称，利益相关者驱动的管理不仅将改善社会，而且将有助于改善公司的财务状况。

尤其是20世纪80年代前后，雇员、消费者、社区等利益相关者的利益诉求受到关注，在西方国家产生了巨大的影响，甚至包括在"盎格鲁—撒克逊"模式著称的美

[一] Vance S. G. Are Socially Responsible Corporations Good Investment Risks, *Management Review*, 1975, No.8.
[二] Roman R. M, S. Hayibor and B. R. Agle, The Relationship between Social and Financial Performance: Repainting a Portrait, *Business and Society*, 1999, Vol. 38, No. 1.
[三] Hillman, A. and Keim, G., Shareholder Value, Stakeholder Management, and Social Issues: What's the Bottom Line? *Strategic Management Journal*, 2001, No.22.
[四] Sen, S. Bhattacharya, C.B. Doing better at doing good: When, why, and how consumers respond to corporate social initiatives. *California Management Review*, 2004, No.47.

国。当然，无论是股东至上理论还是利益相关者理论，都是与各个国家的国情、企情及发展阶段密切相关的。从全球来看，既存在英美这样的盎格鲁—撒克逊模式，也存在法德这样的莱茵模式，还存在韩日这样的东亚模式。总体来看，利益相关者理论的兴起，推动了企业更加注重履行社会责任，同时也体现了世界各国公司治理的差异性，也是各国发展模式和市场经济多样性的体现。

从发展演变来看，企业社会责任经历了捐赠者（Donators）、逃避者（Avoiders）和创造者（Creators）等几个阶段。作为第一代的企业社会责任，捐赠者想要回报社会，通过捐赠补偿社会；作为第二代的企业社会责任，逃避者是为了减少公司活动的负面影响；作为第三代的企业社会责任，创造者将企业社会责任视为投资，而不是开支。

近年来，创造共享价值的研究产生了更大的影响。作为代表性研究，波特和卡瑞默（Porter&Kramer）关于"创造共享价值"（Creating Shared Value，CSV）的定义提出，通过提升企业的竞争地位来创造共享价值，同时推动企业所在的社会进步。㊀ 按照这种解释，公司（企业）与社会的关系，不是零和关系，而是正和关系，如表1-1所示。

表1-1 从"企业社会责任"向"创造共享价值"的转变

企业社会责任	创造共享价值
做好事	相对于成本而言的经济社会收益
良好的企业公民意识、慈善、博爱	创造社会和企业的共同价值
因应外部压力而相机抉择	与竞争一体化
与利润最大化相分离	与利润最大化一体化
议程被外部报道或个人偏好	议程是企业内部产生的
影响被企业社会责任预算和企业空间限制	通过重新制定公司层面的预算来获取
案例：公平贸易购买	案例：通过采购提高产品质量和数量

来源：Porter&Kramer，*Harvard Business Review*，2011.

㊀ Porter, M. E. & Kramer, M. R. Creating Shared Value. *Harvard Business Review*, 2011.January–February.

企业社会责任与市场经济类型有着密切的关系。美国杜克大学高柏教授研究认为，在盎格鲁—撒克逊模式下，股东总是被置于优先的位置，消费者其次，雇员最后；而在新自由主义经济改革前的日本，则完全相反。历史上，日本的发展主义一度定义私人企业的财产权为"伴随着责任的有限支配权"。这意味着，"不同于资本主义，企业不再视私人股东的利润为目标，而是以服务于国家全体公民的福利为最终目标。"[一]

在德国，1949 年《宪法》规定德国经济体制是社会市场经济。社会市场经济强调公司（企业）的社会责任，不一切以市场为最终总则，但发挥市场竞争的好处。除了市场机制，非市场机制在寻找共识和解决经济问题方面发挥着重要的作用。这种非市场的治理机制（尤其是德国共同决定机制）涉及各个方面的利益相关者。在 2000 人以上的德国大公司，雇员和工会代表的投票权达到了 50%；在 500 人以上的小公司，雇员和工会代表的投票权达到了 1/3。即使在美国，也出现了对于利益相关者的重视。除了理论研究，也有一些重要的政策动向。从 1980 年至今，美国已有 29 个州（即超过半数的州）修改了公司法。新的公司法要求公司经理为公司的利益相关者服务，而不仅为股东服务。[二]

利益相关者导向的企业社会责任，也出现在当下的国际政治经济讨论中。2019 年 8 月 19 日，包括贝索斯（Bezos）、库克（Cook）等在内的近 200 名美国顶尖企业 CEO 齐聚商业圆桌会议，就企业的运营宗旨发表声明认为，企业有责任超越股东价值，考虑职工、消费者和社会等所有的利益相关者，而不是一切为了股东，即将股东利益作为企业的最重要目标。大企业针对企业社会责任的呼声，也引发了斯蒂格利茨（Stiglitz）、斯宾塞（Spence）等著名经济学家的关注和新一轮就企业社会责任的讨论，他们对于企业家们的表态表达了审慎的欢迎。

事实上，早在 1999 年 1 月，在瑞士达沃斯世界经济论坛上，时任联合国秘书长安南就提出了"全球协议"，并于 2000 年 7 月在联合国总部正式启动。该协议号召公司遵守在人权、劳工标准和环境等方面的九项基本原则。2000 年 7 月，"全球契约"论

[一] Bai Gao, *Economic Ideology and Japanese Industrial Policy: Developmentalism from 1931 to 1965*, Cambridge: Cambridge University Press, 2002, p57.

[二] 崔之元的多篇论文介绍了欧美国家企业社会责任的研究和实践进展。

坛第一次高级别会议召开，参加会议的 50 多家著名跨国公司的代表承诺，在建立全球化市场的同时，要以"全球契约"为框架，改善工人工作环境、提高环保水平。"全球契约"行动计划已经有包括中国在内的 30 多个国家的代表、200 多家著名大公司参与。2002 年，联合国正式推出《联合国全球协约》。协约共有九条原则，联合国要求公司对待其员工和供货商时都应尊重其规定的九条原则。

20 世纪 70 年代，经济合作与发展组织（OECD）率先制定了《跨国公司行为准则》。2017 年，呼应 G20 领导人宣言，OECD 再次修订发布《跨国公司行为准则》，提出了"负责任的企业行为"理念，呼吁政府制定相关的引导政策，推动"负责任的企业行为"落实。

（二）中国理论研究

中国国有企业社会责任的发展，可以追溯到计划经济时代国有企业的"企业办社会"。当时的国有企业履行社会责任的对象是比较狭义的，主要是指政府和员工；但履责的范畴却又是泛化的和无限的，既要无条件地执行政府的计划指令，同时又要为员工承担"从摇篮到坟墓"的无限责任。

20 世纪 80 年代以后，伴随着改革开放的进程，企业社会责任理论逐渐被介绍到中国。市场化改革使企业逐步向独立经济主体转变，同时出现了企业片面强调经济责任，忽视社会、环境影响的倾向，污染环境、假冒伪劣、偷税漏税、拖欠工资等现象时有发生。这段时期，政府通过确立相关法律明确了企业履行社会责任的义务，形成了企业履行社会责任的基本法律环境。在制定与企业相关的法律法规中，虽然还未出现"社会责任"一词，但法律对公司社会责任的规范已隐约体现。如在《中华人民共和国企业破产法》《中华人民共和国产品质量法》《中华人民共和国环境保护法》等法律法规中，均反映了对企业履行社会责任的要求，主要包括对消费者的责任、对劳动者的责任、对环境的责任以及对国家的责任等。

20 世纪 90 年代以后，在社会主义市场经济体制的建立和不断完善下，企业社会责任日益受到人们的重视。但这段时期的研究，基本是以介绍国外的企业社会责任理念为主,利益相关者理论也随之被介绍到中国学术界。国有企业与企业社会责任相关的议题,也就被更多地关注和研究。

伴随着中国在2001年正式加入WTO,中国的企业社会责任研究日益丰富起来。中国学术界开始从劳动关系、环境保护、安全生产、消费者权益、产品质量、国际化经营、企业自身竞争力和可持续发展等多角度研究企业社会责任问题。经济学、管理学、社会学、法学等各界人士从各自的角度研究和介入企业社会责任问题的研究,既包括利益相关者、企业价值、社会资本在内的西方理论,也包括SA8000社会责任国际标准、国际企业社会责任运动在内的介绍和讨论,还包括对企业社会责任的计量分析等。关于企业社会责任的研究对象,既包括国有企业,也包括不断发展的私营企业;既涉及不同产业视角的企业社会责任,也涉及政府、企业和行业协会在企业社会责任中的角色讨论。

可以说,2006年《中华人民共和国公司法》中关于企业社会责任的相关修订内容,标志着中国企业社会责任研究进入新的阶段。2006年之前,很多研究侧重介绍和阐释国外的企业社会责任研究。2006年之后,更多的研究开始侧重企业社会责任如何在中国落地,如何更加具有操作性,并对中国企业进行评价,通过实证衡量企业社会责任与公司治理的优劣。法律对企业社会责任的新规定,进一步推动了中国关于企业社会责任的研究和新的社会共识。

不同时期的代表性理论研究,提出和论证了企业社会责任的重要意义和作用,构建了企业社会责任的研究体系和模型,从不同维度推动了中国企业社会责任的研究,对我们做好当下的工作仍然很有启发。这些代表性的理论研究,既有规范研究也有实证研究,发表在《经济研究》《中国工业经济》等有影响的中文学术刊物上。早在1996年,崔之元就在《经济研究》撰文介绍美国企业社会责任的动向和变化,即20世纪80年代末以来,美国已有29个州修改了公司法,要求公司经理为公司的利益相关者服务,股东只是利益相关者的一部分。[一] 李伟阳、肖红军(2009)对新古典经济学关于"企业社会责任就是最大限度地赚取利润"的观点进行了严肃批判,提出了企业

[一] 崔之元.美国二十九个州公司法变革的理论背景[J].经济研究,1996(4).

是以履责意愿为动力,通过构建利益相关方合作机制,最大化地创造社会福利。^① 黄群慧、彭华岗、钟宏武、张蒽(2009)根据"三重底线"(Triple Bottom Line)和利益相关方理论(Stakeholders Theory)等经典理论构建出责任管理、市场责任、社会责任、环境责任"四位一体"的理论模型,通过对比分析国内外社会责任相关文件和世界500强企业社会责任报告,形成分行业的评价指标体系。^②

关于国有企业的社会责任研究也有不少论述。在计划经济和国营企业时期,企业和社会的边界并不明确,"企业办社会"现象普遍存在。在社会主义市场经济时期,国有企业的社会责任问题受到学术界新的关注。徐传谌、艾德洲(2010)将国有企业社会责任从宏观、微观、企业内部组织三个层面加以分类,强调了建立与完善国有企业社会责任制度在国有企业改革中的重要性。^③丁晓钦、陈昊(2015)基于国有企业社会责任的实证研究认为,具有更多制度约束的国企在承担社会责任的各个方面都优于民企,尤其在狭义社会责任方面。国企的社会责任优势决定了国企的创新发展对新常态下经济的稳定需求、优化供给、创新驱动、环境保护具有不可替代的重要作用。^④

随着规范研究的讨论,大量的实证研究开始从不同层面和领域论证企业社会责任的效果和作用。例如,以上市公司、高技术企业为样本的实证研究,证实了企业社会责任对于企业价值、财务绩效、技术创新的重要作用。李正(2006)以上海证券交易所2003年521家上市公司为样本对企业社会责任活动与企业价值的相关性进行了实证分析,结果表明,从短期看,企业承担越多的社会责任,企业价值越低;但从长期看,承担社会责任并不会降低企业价值。^⑤温素彬、方苑(2008)以46家上市公司2003~2007年的数据为依据研究了企业社会责任与财务绩效之间的长短期关系和不同影响;研究表

---

① 李伟阳,肖红军. 基于社会资源优化配置视角的企业社会责任研究——兼对新古典经济学企业社会责任观的批判 [J]. 中国工业经济,2009(4).
② 黄群慧,等. 中国100强企业社会责任发展状况评价 [J]. 中国工业经济,2009(10).
③ 徐传谌,艾德洲. 中国国有企业社会责任研究 [J]. 吉林大学社会科学学报,2010(6).
④ 丁晓钦,陈昊. 国有企业社会责任的理论研究及实证分析 [J]. 马克思主义研究,2015(12).
⑤ 李正. 企业社会责任信息披露影响因素实证研究 [J]. 特区经济,2006(8).

明，长期来看，企业履行社会责任对其财务绩效产生正向影响。㊀ 李文茜、刘益（2017）基于419家高新技术行业上市公司2012~2014年的实证研究显示：高新技术企业的研发投入能够有效地转化为企业的技术创新产出；高新技术企业可以进一步通过积极履行社会责任来提升其技术创新产出转化为企业竞争力的效率；高新技术企业的广告投入强度能够增强企业社会责任对于技术创新产出向企业竞争力的转化效率。㊁

受益于各种理论研究，中国学者尝试着建立了多种企业社会责任指标体系，为衡量和推动企业社会责任研究提供了系统的参照。一是企业社会责任指标体系的五维模型。李伟阳、肖红军等（2009）构建了企业社会责任指标体系的五维分析框架：包括利益相关方纬度、责任内容纬度、指标功能纬度、组织层级纬度和作用属性纬度等。㊂ 二是"四位一体"的理论模型。黄群慧、彭华岗等（2009）根据"三重底线"和利益相关方理论等社会责任理论构建了"四位一体"的理论模型，包括责任管理、市场责任、社会责任和环境责任等。㊃ 此外，中国社会科学院（2009）以"四位一体"模型为理论基础，建立了企业社会责任信息披露框架模型，连续十余年对中国企业社会责任发展指数进行排名评价。㊄

进入21世纪以后，受益于理论研究和各方面工作，企业社会责任加快了在中国落地的步伐。中国党和政府在推动企业社会责任工作方面也发挥了重要作用。2006年修订的《中华人民共和国公司法》规定企业社会责任为企业必须履行的一项义务。2008年，国务院国资委专门发布了《关于中央企业履行社会责任的指导意见》，在如下几个方面提出倡议：①坚持依法经营，诚实守信；②不断提高持续盈利能力；③切实提高产品质量和服务水平；④加强资源节约和环境保护；⑤推进自主创新和技术进步；⑥保障生产安全；⑦维护职工合法权益；⑧参与社会公益事业。

㊀ 温素彬，方苑.企业社会责任与财务绩效关系的实证研究——利益相关者视角的面板数据分析[J].中国工业经济，2008（10）.
㊁ 李文茜，刘益.技术创新、企业社会责任与企业竞争力——基于上市公司数据的实证分析[J].科学学与科学技术管理，2017（1）.
㊂ 李伟阳，肖红军.利益相关方、责任内容、功能、组织层级、作用属性：企业社会责任指标体系构建的五维模型[J].WTO经济导刊，2009（3）.
㊃ 黄群慧，等.中国100强企业社会责任发展状况评价[J].中国工业经济，2009（10）.
㊄ 中国社会科学院经济学部企业社会责任研究中心.中国企业社会责任报告编写指南（CASS-CSR1.0）[M].北京：经济管理出版社，2009.

此后，上海证券交易所发布《关于加强上市公司社会责任承担工作暨发布＜上海证券交易所上市公司环境信息披露指引＞的通知》；中国工业经济联合会与11家工业行业协会联合发布《中国工业企业及工业协会社会责任指南》《关于倡导并推进工业企业及工业协会履行社会责任的若干意见》。企业社会责任的履行得到了社会的重视和实质性的推动。在理论研究的同时，企业社会责任报告发布、企业信息披露，也成为推动和提升企业社会责任工作的重要内容。

2012年，国务院国资委、中国工业联合会等部门发布了更精细化的企业履行社会责任的指导性文件，企业社会责任工作日趋规范。2015年6月，《社会责任指南》（GB/T36000—2015）、《社会责任报告编写指南》（GB/T36001—2015）和《社会责任绩效分类指引》（GB/T36002—2015）三项国家标准正式发布。

总体上，企业社会责任作为一种西方理论，正式进入中国的时间仍然是非常短暂的，其所发挥的作用和影响仍有很大的进步空间，需要从多个层面予以加强和推动。而企业社会责任与利益相关者理论密切相关，需要同时加以关注和研究。

（三）韩国理论研究

第一阶段：1974~2000年

企业社会责任理论源于西方，20世纪70年代开始进入韩国学界。自20世纪70年代工业化时期之后，企业传统的角色发生改变，韩国企业开始重视社会责任的履行和社会价值的创造。韩国学界在世界关于企业社会责任研究的基础上，开始关注企业社会责任的国际研究动态，并且探讨企业社会责任的概念以及在韩国进行制度推广的可行性。

韩国企业社会责任，始于20世纪70年代的工业化后期。在20世纪60年代的工业化进程中，韩国政府以经济发展为首要任务，推行工业化政策，全力推动企业的规模化发展。韩国企业通过扩大出口、增加就业，承担相应的纳税等责任，对经济社会发展、产业结构的调整做出了很大贡献。20世纪70年代之后，经过工业经济的跨越发展，三星、现代、SK、LG、大宇等企业的规模迅速壮大，实现了集团化发展，在韩国经济中占据了主导地位，引导韩国经济快速发展。同时，劳动者工作环境恶劣、环境污染等一系列社会问题随之产生，韩国的很多企业开始萌发企业社会责任意识。20

世纪 70 年代后半期，韩国的很多企业开始着手设立专门开展慈善工作的基金会，将部分企业利润回馈社会，增加民众的社会福利。

进入 20 世纪 80 年代，随着市场自由化政策的逐渐引入，韩国主要的大企业对国内经济的影响力进一步扩大，民众的社会意识随之提高，消费者或劳动者权益保护相关法律也逐步完善，进而要求企业承担更多社会责任的诉求也日益强烈。这些大企业为保持国内市场地位，普遍开展了以设立基金会、捐赠为主的企业社会责任活动，此举具有一定的积极意义。但是，受限于企业内部结构矛盾、政治目标、社会认知等因素，此时的企业社会责任活动还处在缺少战略眼光和计划性、难以体系化的初级阶段（金仁仙，2017）[一]。

这段时期，韩国对于企业社会责任的理论研究尚处于萌芽阶段，韩国学界开始介绍国外学界对于"企业社会责任"这一概念和趋势的探讨，同时从法律制度的维度分析企业履行社会责任的促进措施和治理措施。韩国学者认为，企业社会责任是企业对于国家和社会、股东和员工以及企业自身存续发展的责任（Hichol Chung，1974）；企业从伦理和现实角度，不能仅仅追求自己的利益，而应该与社会相融合，有效地整合生产要素，生产和提供物美价廉的商品和服务（Kawamoto Ichiro，1974）。此外，Hichol Chung 和 Kawamoto Ichiro 基于日本学界修正传统资本主义理论的趋势以及企业经营目标多元化、企业活动与社会密切相关、增加社会责任会计以及环境会计的观点，都从法学的角度探讨了从制度上要求企业实践社会责任的可行性。

第二阶段：2001~2007 年

自 1997 年爆发的亚洲金融危机之后，韩国企业的全球化进程不断加快，企业社会责任受到韩国政府、社会及学术界的重视，日益在学界成为重要研究议题。2000 年之后，韩国国内经历亚洲金融危机，政府职能减少，大型企业作用扩张；而且，随着全球化进程加快，国内外竞争日趋激烈，企业更加注重有利于赢取信任和增强竞争力的企业社会责任活动。社会各界进一步关注企业是否承担更多社会责任，韩国学界积极参与的企业社会责任讨论越来越多。韩国学界已经不仅仅学习和借鉴国外企业社

[一] 金仁仙. 全球化背景下的企业社会责任研究：以韩国政府和企业为例 [M]. 北京：对外经济贸易大学出版社，2017.

会责任的理论研究，而且还探讨企业承担社会责任能够为企业自身、社会等创造的诸多价值，进而从政策环境、行业标准等维度探讨企业如何更好地承担社会责任。在此阶段的研究中，学术界广泛探讨的战略性企业社会责任，相较于传统企业战略，从更广泛的角度考虑企业与社会的关系，把社会问题的解决纳入企业战略范畴（金仁仙，2017）①。鼓励企业不要被动地承担社会责任，而应该从战略层面考虑主动从社会问题中寻找市场价值，进行产品和服务创新，进而实现社会价值创新以及社会福利的增进。

第一，学者认为企业社会责任已经成为未来的发展趋势，并进一步着手分析企业社会责任的现实意义。主要观点是，随着社会认知的提升以及市场竞争的日益激烈，企业社会责任将成为可持续发展所必需的经营战略。有关研究证明，企业在履行社会责任的活动中能够获得诸多价值。比如，影响消费者积极评价（Jiho Choi 等，2007）、促进企业形象的改善（Yunyoung Kim，2004；Wonmoo Huh 等，2007）、提升资本市场中的投资者预期（Kwanhoon Kwak，2007）等。此阶段的研究逐渐展现，企业通过社会责任能够提升组织的市场竞争力，并呼吁企业以更加积极的姿态履行社会责任，迎接新时代背景下的机遇和挑战。

从宏观角度，企业社会责任主要从资本市场的预期、区域社会的态度、对外贸易的发展层面为企业带来正相关的影响。首先，在资本市场上部分大型机构投资者也在一定程度上将企业社会责任活动作为评判企业未来价值的重要标准，从而影响着其他个人投资者对该企业的市场预期（Kwanhoon Kwak，2007）。Hyunmi Bae（2007）以韩国国内对社会公益活动投入金额最多的前十家企业为研究对象，显示企业经济型社会公益活动会对产品购买需求及认知度产生正面影响，并且企业的社会文化支持型责任活动会在一定程度上带来消费者对企业信誉的正面评价。Sangmin Lee（2006）基于美国企业社会责任与中小股东行为的关联分析，推导股东行为主义是传导社会对于企业态度的关键，企业的社会贡献活动有助于提升股东的支持率，韩国未来的资本市场类似于美国的资本市场，企业社会责任行为将为企业创造价值。其次，在区域社会中，企业以社会贡献活动为主的企业社会责任活动对于重要的利益相关方——区域社会的

---

① 金仁仙. 全球化背景下的企业社会责任研究：以韩国政府和企业为例 [M]. 北京：对外经济贸易大学出版社，2017.

可持续发展影响重大，受到区域社会各方的关注（Sangseok Lee 等，2007）。企业社会责任活动的履行具有改善企业形象、追求自身长期利益以及强化对区域社会的链接等效果，被认为是企业战略经营中的重要环节。最后，在对外贸易中，韩国作为出口增长型的发达国家，国内企业对于国际贸易的依存度极其高，尤其是进入 21 世纪后，由于世界主要发达国家对于环保型产品的重视度日益增长，环保型经营对韩国企业而言关乎生死存亡，有助于其在跨国贸易中形成良好的声誉，树立品牌形象（Kihoon Lee，2004）。

从微观角度，企业的社会责任活动直接或者间接地影响消费者对于企业形成正面认知（Wonmoo Huh 等，2007），并且随着消费者对于企业社会责任认知的进一步提升，企业对于社会责任的履行会愈加成为消费者选择产品的重要标准。Yoon Kak 和 Sanghee Suh（2003）分析韩国企业的社会公益活动与企业广告对企业形象和品牌形象影响的相关性，显示社会公益活动比企业广告对企业形象产生的影响更大，尤其是通过广告宣传手段开展社会公益活动，影响力将变得更大。在此基础上，Hyunmi Bae 等（2007）强调保护消费者权益等社会责任活动的重要性。

第二，从企业的内部以及外部角度探索企业社会责任的推广路径。韩国三星经济研究所从企业内部认知角度，建立企业社会责任认识阶段模型，根据企业对社会责任的认识程度将其分为消极认识、被动接纳、自发管理、成长战略四大类。第一阶段的消极认识，指企业除了正常经营活动以外不履行任何社会责任，社会责任行为不会对企业创收产生任何帮助；第二阶段的被动接纳，指由于顾客、政府等相关部门的要求使得企业履行部分社会责任，但社会责任不会对企业产生任何积极作用；第三阶段的自发管理，指企业已认识到社会责任会减少企业的交易费用、提升企业形象，企业开始有计划地履行社会责任；第四阶段的成长战略，指企业认识到社会责任活动是企业竞争力的重要组成部分，开始使社会责任与企业成长战略相互结合，形成完善的社会责任体制。由此可以看出，企业对社会责任的认识阶段越高，越会组织更加有效的战略性企业社会责任活动（金仁仙，2017）㊀。

㊀ 金仁仙. 全球化背景下的企业社会责任研究：以韩国政府和企业为例 [M]. 北京：对外经济贸易大学出版社，2017.

从外部层面，社会认知、政府支持、人才培养是企业社会责任促进中的重要环境因素（Sangmin Lee，2002；Kihoon Lee，2004）。首先，借鉴企业社会责任理论和实践较为领先的欧美以及日本的经验，当时韩国在企业社会责任的社会认知方面还有较大差距，由此，企业社会责任的推广主要集中在全面推广企业社会责任的前期准备上，旨在提升社会认知度（Byounghoon Lee，2007）。尤其是学术界对国际上ISO26000《社会责任指南》在韩国的应用表示了高度重视，强调其为韩国企业履行社会责任提供参考的指南性标准以及社会责任融入组织实践的指导原则。《社会责任指南》有助于促进韩国企业对于社会责任的正面认知，通过企业追求利润以及创造就业的行动展示经营的利他性，进而实现企业的可持续经营（Changho Kim，2007）。其次，与美国等西方国家以及日本相比，韩国企业外部制度支持环境仍未完善，政府的制度支持是促进企业积极履行社会责任的关键。韩国政府可从相关专业知识的教育宣传、企业社会责任的行业评估标准的建立、企业社会责任报告的制定和认证、企业的行为规范以及社会责任投资（SRI）的引入等来完善促进措施（Byounghoon Lee，2007）。韩国政府还可从企业社会责任的规范化发展着手，比如发布企业环境保护政策、在劳动法中引入国际劳动者权利保护标准等完善促进措施（Injae Kim，2005）。最后，学界人才的输送、研究成果的正外部性，对于韩国企业履行企业社会责任、实现可持续经营具有重要意义（Kihoon Lee，2004）。比如，培养专注相关领域的专家学者、紧跟国外关于环保型经营的最新研究成果为企业提供借鉴等。

在此阶段，学术界开始将探索方向聚焦于企业社会责任的价值创造，认为韩国企业已经从被动消极地实践企业社会责任转为自发性地承担社会责任，未来应该进一步发展为战略性经营策略的企业社会责任模式。为此，韩国学者从企业的内部认知以及外部生态环境探讨如何促进韩国企业履行社会责任。

第三阶段：2008年至今

2008年之后，由于韩国政府对于以民间力量解决社会问题的制度化推动以及国内外市场竞争的激化，企业社会责任活动的实践逐渐成为企业可持续发展的普遍要素，韩国国内相关的研究论文数量迎来爆发式增加。一方面，韩国政府为了缓解贫富两极分化、就业难和社会服务不足等矛盾，从制度化建设角度推动民间力量创造社会价值。利用商业模式解决社会问题的社会型企业、社会合作社等社会经济主体受到关注，为企业履行社会责任提供了更为可持续的方式。另一方面，在全球市场环境变化和竞争的激化中，韩国代表性企业已将国际企业社会责任活动作为企业国际化进展的重要战略举措，积极拓展国际企业社会责任渠道，并积极开展国际企业社会责任活动。在此背景下，学术界的企业社会责任研究呈现三大趋势：其一是为企业履行社会责任的方式更为创新化提供建议，结合韩国社会经济受到制度化推进蓬勃发展的现状，探索实现资源良性循环的企业社会责任路径；其二是认为韩国企业已超越过去在本国范围内提及的企业社会责任的理念及实践，需要进一步重视企业社会责任国际化的路径；其三是基于韩国企业社会责任的现状特征，运用实证研究方法探讨韩国企业在社会责任活动中创造的社会价值。

第一，在社会经济的发展背景下，韩国企业履行社会责任的方式能够实现创新化。企业在社会责任的履行中与社会经济具备相似的社会性目标，两者的合作实现了相互促进。一方面，提高了企业创造社会价值的效率和稳定性，为企业社会责任活动提供了新的方向（Kyunmok Kim 和 Dongwan Ko，2011）。比如，委托或者联合社会经济模式中的企业社会责任活动提高资本利用率，运用更少的资金更加高效地创造社会价值，提高企业声誉，最大限度地降低风险以及寻求新的商机来实现股东价值的最大化。另一方面，为社会经济提供生存发展的土壤，长远来看，将有助于社会整体福利的进一步增长（Sunghee Jang，2014）。

企业社会责任活动中融入社会经济的核心理念的主要优势在于：①社会经济为企业提供捐赠等单纯慈善活动之外的多样选择，有助于实现企业社会责任融入战略化经营的需求。商业模式的创新使得韩国不断积累解决社会问题的经验。借此，韩国企业的社会责任活动可采用委托或者建立伙伴合作的模式；同时，结合社会目标和商业手段，实现企业社会责任实践方式的多样化（Youngwha Kee，2017）。②社会经济为更多企业社会责任参与主体提供了实践思路，同时提升社会责任活动的专业性，扩大了其影响范围。由于大型企业在韩国经济中的主导地位以及国际接轨程度高等原因，韩国企业社会责任活动的主要参与主体过去是大型企业,其社会责任活动的主要特点是规模大、综合性强。近年来,韩国中小企业参与企业社会责任活动的意识逐渐增强,但是中小企业社会责任活动规模有限、经验不足,导致活动的影响力有限。社会经济为中小企业提供了打破现有困境的路径,有助于其展开具有针对性、更为高效的企业社会责任活动(Youngki Kang,2012)。

第二,基于实证分析,建议韩国跨国企业提升海外企业社会责任活动的发展阶段。随着国际社会对企业社会责任的关注不断增加,全球化企业对于海外企业社会责任意识程度的高低决定了企业能否在国际竞争中获得胜利,海外企业社会责任在企业经营中的战略地位也不断上升。以联合国为首的国际劳工组织(International Labour Orgonization,ILO)、经济合作与发展组织(Organization for Economic Co-operation and Development,OECD)等24个国际组织参与制定有关社会责任的国际标准ISO 26000(2010),学者们呼吁企业应该对海外企业社会责任做出积极的响应(金仁仙,2017)。Areum Choi和Jeehyum Koo(2016)研究发现,基于外贸环境变化以及国际市场的要求,韩国企业意识到通过实践企业社会责任活动,提升企业形象和品牌影响力已经成为企业持续成长及增强国际竞争力的重要课题。他们还指出,国际化程度越高、国际化业务比重越高的韩国企业,越是积极实践社会责任活动,尤其是在环保以及消费者权益保护领域的社会责任活动。Inhye Heo(2012)研究发现,韩国主要跨国企业已经在中国、印度、越南等主要市场,结合当地独特的文化、政治特征,探索行之有效的本土化企业社会责任活动,旨在提升企业的竞争力以及促进当地区域社会的发展。

韩国企业在全球化的企业社会责任活动中已经积累了丰富的理论与实践经验,获得了国际社会的认可,并且形成了以下的特点:①主要基于企业总部的方针承担法律、伦理、利益相关者等社会责任,在总部的企业社会责任活动的战略框架下进行具体的实践;②根据当地政府的关注领域展开活动,比如环保等;③在企业社会责任的宣传中,主要在总部的企业社会责任报告以及当地官方网站公开(Byunggyun Kim和Minkyo Seo,2012)。虽然现阶段韩国企业已经具备自发履行海外企业社会责任的认知,但是距离成长战略型企业社会责任仍然有一定的进步空间(Byunggyun Kim 和 Minkyo Seo,2012)。为了更好地履行海外企业社会责任活动,Inhye Heo(2012)等建议:首先,积极了解当地市场以及企业内部员工的需求;其次,积极反映所在区域居民代表、韩国总部、参与活动的员工等企业社会活动利益相关者的意见;最后,基于长期性、可持续性原则,开展企业社会责任活动。

第三,韩国企业社会责任的衡量指标逐步具体化,企业社会价值的研究增多。该阶段的研究内容,涉及企业社会价值对于企业可持续发展的贡献与企业社会价值应用案例等实证研究。企业社会价值的衡量,一方面有助于社会公众清晰明确地了解企业社会责任活动的价值,从而有助于形成对于企业的正面认知,提升消费者的客户忠诚度(Yoon Kak 和 Jiyoung Ryu,2014);另一方面,有助于企业内部基于现有社会责任活动的评估结果,改进企业社会责任活动的内容和方式,采取社会价值更高的社会型企业活动(Jonghyuk Lim 和 Dalyoung Jeon,2018)。比如,在企业社会价值的评估中,消费者参与型社会责任活动的社会价值高于企业主导型社会责任活动的社会价值(Kwak Yoon,2014)。此外,Soohyun Kim 和 Enjung Choi(2014)指出,企业社会价值的测量项目大多数与现有企业社会责任中所包含的内容没有显著差异,为了使企业社会价值的理论框架更为独立发展,在现有基础上有必要开发更具体、更清晰的企业社会价值测量方法,进一步明确社会责任、企业社会责任、创造共享价值和社会价值等概念,给不同概念中的案例建立测量和评估系统。

二、企业社会责任的实践与发展

(一)国际动向

1. 企业社会责任相关国际动向

在过去的 20 年里,国际社会成立了与企业社会责任相关的国际协会,制定了履行责任指南和各种倡议。

世界可持续发展企业协议会(World Business Council for Sustainability Development,

WBCSD）是集合了跨国企业，就企业在环境、经济、社会三个领域的可持续发展达成协议的机构，1995年由160多家企业联合成立，总部设在瑞士日内瓦，肩负着共享和传播可持续发展的理念，并向国际机构和社会代言产业界的意见。DuPont、3M、Nestlé、BP、Danone和Royal Dutch Shell等代表性跨国企业都是该协议会的会员。会员公司通过加入WBCSD，支援并采纳了通过可持续性工具和价值链的合作、参与政策开发等可持续管理的惯例。

全球报告倡议组织（Global Reporting Initiative，GRI）是1997年在联合国环境规划署（United Nations Environment Programme，UNEP）的支持下成立的研究机构，提出了企业可持续性发展报告的标准。该标准是关于企业在经济、环境、社会领域等成果进行报告的框架。其目的是对在经济、环境、社会等领域的企业的成果进行评估和管理，从而促进企业活动对地区和社会的可持续性发展做出贡献。目前在大企业、中小企业、非营利组织、公共机关、地方政府等撰写可持续性发展报告书时通常使用该评估标准。

联合国全球基金会（UN Global Compact，UNGC）成立于2000年，致力于鼓励共同参与可持续发展以及提高企业和大众的参与意识，并为此提出了实质性方案，是世界上最大的由企业、大众自发成立的组织。该基金会以把人权、劳动、环境、反腐败等领域的十大原则植根于企业运营和经营战略为目标，现有来自162个国家的14000个组织成员，其中有10000个是企业会员。

ISO26000是国际标准化组织（ISO）于2010年发布的关于企业社会责任的国际标准。该标准就人权、环境、劳动等方面对企业的社会责任做出了全面规定。具体来说，以产业界、政府、消费者、劳动者、非政府组织（NGO）等7个经济主体为对象，将企业治理结构、人权、劳动惯例、环境、公平交易、消费者争议、参与共同体及开发等7大议题规定为社会责任焦点，并对此制定了实行方针和劝告事项等。任何组织都可以参考ISO26000指南，为确保未来的持续性而做准备。目前，全世界有超过10000个组织使用ISO26000指南。只是它与ISO9000（品质经营）、ISO14000（环境经营）系列不同，没有开展认证制度，而是以劝告及自发性履行的方式扩大其影响力。

联合国千年首脑会议于2000年9月通过了到2015年为止消除贫困为目标的新千

年宣言，并公布了包括8个具体目标在内的新千年发展目标（MillenniumDevelopment Goals，MDGs）。在2012年6月召开的联合国可持续发展会议（United Nations Commission on Sustainable Development，UNCSD）上，用适用于到2030年的"可持续发展目标（Sustainable Development Goals，SDGs）"来替代MDGs。如果说MDGs是想将资源集中在8个目标下的基础性目标的话，那么SDGs则是包含了17个关于社会、环境议题以及将各议题细分的169个目标。

2. 社会责任投资相关国际动向

对以履行可持续经营为基础的有社会责任的企业进行投资和金融支援的资本市场也发生了变化。联合国环境署金融倡议（United Nations Environment Programme Finance Initiative，UNEP FI）是以1992年里约首脑会谈达成的可持续性发展全球性协议为契机，由德国双子塔银行、瑞银集团等发达金融机构提议，世界45个国家194个金融机构参与成立的。据悉，许多金融机构在加入UNEP FI之后，引入自身环境方针和环境风险评估等措施，为金融产业拓展可持续经营做出了重大贡献。

2006年，纽约证券交易所发布了金融机构进行投资时需考虑ESG要素的责任投资原则（Principles for Responsible Investment，PRI）。这是在联合国前秘书长安南的主导下，由UNEP Initiative、发达金融机构和各类专家组织共同制定的原则。责任投资原则共有6条，包括在项目投资分析和投资意向决策的过程中，需适用ESG观点问题，向投资对象索取对ESG观点问题的信息等。如上所述，在原则中共同强调的就是ESG。ESG是环境（Environment）、社会（Social）和治理（Governance）的缩写，是指企业的环境、员工、股东、顾客、治理结构等各种非财务领域。签署该原则的机构每年1月至3月向PRI报告关于上一年对原则的履行情况，对此，PRI将责任投资履行水平分为A+至E共六档进行评估。

把可持续性作为决定投资的核心要素来进行考虑的资本规模也在不断扩大。ESG投资与传统的仅仅评价企业财务成果的方式不同，它是从长远的角度考虑能够充分反映并评估影响企业价值和可持续性的ESG等非财务因素。据调查显示，全球ESG基金的运用资产规模从2012年年底的6550亿美元增加到2018年10月底的1.05万亿美元，约增长了60%。随着国际社会要求资本运营对产业的持续性和社会责任的呼声的增大，预计ESG投资的增长趋势在今后也将会持续下去。灵活利用企业ESG成果的投资方式，一方面可以使投资者获得长期收益，另一方面也可以影响企业的行为，使其给社会带来利益。随着企业和投资者是否承担可持续性发展的社会责任变得越来越重要，全球许多金融机构都在运用ESG评估信息。从英国（2000年）开始，瑞典、德国、加拿大等多个国家以退休基金为主引进了ESG信息公示义务制度。联合国则通过2006年出台的联合国责任投资原则（UN PRI）来鼓励考虑ESG热点的社会责任投资。

社会影响投资被定义为在优先解决社会、环境问题的同时追求财务收益的针对企业的投资方式。社会影响投资具有以下几个要素：①从投资伊始起，社会影响和环境影响就应是投资目的；②社会影响和环境影响应当是可预估的；③应当伴有财务收益；④投资对象的社会目标组织具有高扩展性。社会影响投资的市场规模因社会影响投资的定义、范畴、地域特点等估算范围和方法的不同而有所不同。据推算，除去一般投资市场的ESG投资，社会影响投资的整体市场规模到2015年为止，最少为105亿美元，最多则为2500亿美元。综合考虑各个研究报告的预测结果，预计其投资规模今后每年将增长10%~30%。

（二）韩国的实践经验

1. 概要

20世纪70年代末，韩国首次引入了社会责任的概念，但直到20世纪90年代才开始进行全面讨论。在初期阶段，韩国主要强调事关简单的社会责任道德经营（透明性、防止腐败等）或社会经营（职工的雇佣和福利、多样性的尊重和工伤保护）等，但逐渐变为以环境保护领域为中心，强调企业追求可持续性发展的作用。学术界、企业界和市民对"什么是好企业"的关注度不断提高。随后，为了社会的可持续性发展，企业责任在经营战略中被广泛地反映出来。进入21世纪，呼吁"人类面孔的全球化"的联合国前秘书长安南，签署了强调保护人权、保护劳动者的劳动权、保护环境和防止腐败等的

"全球契约",这成了从国际层面强调并拓展企业社会责任的重要契机。特别是在2010年,随着ISO26000等国际标准的尝试,社会责任逐步规范化。在这个对履行社会责任的世界性扩散过程中,韩国企业也开始展开各式各样的社会贡献活动,政府的关心程度也不断地提高,为企业经营履行社会责任的生态系统的研究也被搞活起来。

2. 参与全球倡议

韩国的企业界和金融界正在积极参与国际社会提出的各种企业社会责任以及与社会责任投资相关的议题及协议。

从参与前一节描述的国际社会组织的现状来看,首先是成立了联合国全球契约韩国协会,有企业界、市民、学术界等255个会员公司参与。通过举办专题研讨会、研习会、论坛以及与UNGC/CSR的相关研究、调查、政策提案、网络等为可持续发展提供了对话平台。通过企业履行社会责任及可持续发展目标相关的项目,支持会员公司履行联合国全球协议十大原则的活动。

联合国环境规划署的韩国组织,由DGB金融集团、DB财产保险、现代海上保险、新韩金融控股公司、三星火灾、韩亚金融集团和KB金融集团7家企业签名参加。韩国企业也是在加入了联合国环境规划署后,通过引入适合自身的环境保护方针和环境风险评估等,为发展可持续的金融产业而努力。其中,如新韩金融集团多次被选入在达沃斯论坛上发表的"全球100指数"(Global 100 Index)[一],显示出了其突出的可持续经营成果。此外,鼓励资产运营公司对可持续发展目标进行投资的国际性组织联合国责任投资原则组织中,已经有韩国的咨询企业(SUSTIN VEST)(2007年签署)、国民年金公团(2009年签署)、Who's good(2015年签署)、ANDA资产运营(2016年签署)、ESG MONETA(2017年签署)和HY资产运营(2018年签署)6家机构与之签约。

3. 可持续发展报告与促进研究

可持续发展报告的发行,是体现企业对履行社会责任活动的关注度并且反映实践

[一] 2018年,Global 100 Index中除了新韩金融集团(第47位)外,包括的韩国企业有三星SDI(第10位)、宝航钢铁有限公司(第93位)。

现状的重要媒介。在 2000 年发布 GRI ① 指南（准则）后，韩国企业和公共机关据此发布了可持续经营报告书。自从 2004 年韩国最大的钢铁公司 POSCO 和韩国最大的航空公司大韩航空在韩国首次编撰并发行可持续报告书以来，发行可持续报告书的企业和机构在持续增加。118 家企业（2017 年）和 117 家企业（2018 年）发布了可持续发展报告书，如图 1-1 所示。

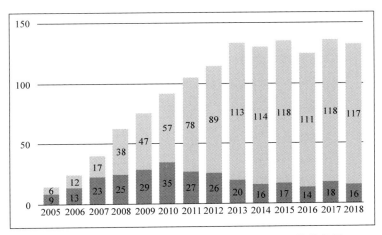

图 1-1 韩国发布可持续发展报告书的企业和机构的数量

建立可持续经营战略的专门经营咨询及咨询服务也很活跃。KPMG、PwC 等大型咨询公司正扩大在应对气候变化及可持续经营的战略、专业研究及咨询等领域的服务。这些咨询公司负责企划可持续经营报告书，还负责进行对报告书的第三方验证业务等。

学术界对可持续经营及相关研究也非常活跃。在韩国，各主要经营学会对有关持续性经营或有关企业的社会责任的学术论坛及小组讨论正在持续展开。除了道德（伦理）经营学会、持续经营学会、环境经营学会、社会型企业学会，对有关可持续经营等进行正式研究的学会也在不断增加。韩国代表性经济组织——大韩商会（大韩工商总会）设立了可持续经营院，以推进产业界对可持续经营国际标准应对方案的研究。

作为可持续经营的一环，为社会贡献而积极开展相关活动的企业正在增加。根据韩国社会福利协会和大韩商会 2019 年发行的《2018 年社会贡献白皮书》，在参与调查

---

① GRI 基本包括经济、环境、劳动权、人权以及产品责任等。

的 229 家企业中，有 58.6% 的企业拥有专门负责社会贡献的部门。另外，为社会贡献活动支出的费用，占销售额的比例达到了 0.14%，管理人员和普通职员的服务活动参与率达到了 52.8%。此外，54.6% 的受调查企业回答说，相对于前一年增加了社会贡献活动的支出费用，可以看出企业对社会责任的关心和参与度正在提高。

为了配合国际机构评估企业社会责任水平的努力，韩国也在开发自我评估指标和指数，用来评估韩国的国内企业。韩国标准化协会与韩国开发研究院以 ISO26000 为基础，共同开发了韩国可持续发展指数（Korean Sustainability Index，KSI），并从 2009 年开始，以直接调查各领域专家和企业利害关系方的方式，对企业经营是否根据可持续发展趋势来实施经营管理并改善等进行评价。

根据 OECD 企业管理结构原则、ISO26000 等国际标准，韩国企业结构管理院制定出了能够反映国内法制及经营环境的独立评价模型 ESG，并从 2011 年起开始应用。ESG 评估的目的是让上市公司能够评估目前的可持续经营水平，并为改善经营水平提供支持，同时将评估结果提供给投资者。

2008 年，韩国生产力总部利用世界闻名的道琼斯可持续性发展指数 DJSI（Dow Jones Sustainability Inde es）的评价工具，开发出了世界上第一个以国家为单位的 DJSI 指数——DJSI Korea，并且每年都在进行相关的评价。目前，有 19 家韩国企业被纳入国际指数（DJSI World），有 40 家韩国企业参与韩国指数（DJSI Korea）。

4. 韩国企业实践可持续发展的经营案例

近来，韩国社会在各领域都高度意识到对可以为公共利益做出贡献的社会价值的重要性。因此，企业及多种经济组织探索寻找能同时追求企业主营业务的经济价值（Economic Value，EV）和社会价值的根本方案，并为实现这一目标做出各种努力。

同时创造兼具经济价值和社会价值的重要性，这一点从 2011 年哈佛商学院教授迈克·波特提倡的共享价值创造（CSV）概念中可见一斑。这一概念提出了社会价值不应是企业固有活动以外的附加因素，而是为了创造利润本就应该存在于商业活动中。这是对如何看待社会价值的模式的转换。也就是说，企业及各种经济组织不再仅仅醉心于企业的社会贡献的传统观点，而是转变为同时追求经济价值和社会价值为此，主导社会价值模式的民间（私营）企业及部分国有企业正在全面开发旨在同时追求社会价值和经济价值的商业模式。在韩国的民间企业中，有代表性的包括 SK 集团。

SK 集团可以看作是创造更美好的社会，并且为培育社会型企业起到先导作用的企业。这被评价为正在主导韩国全新的社会价值模式。SK 集团总裁崔泰源提出了"企业的目的并非仅仅是为了赚钱"，强调了民间企业追求社会价值的必要性。对外，SK 集团通过社会价值委员会、供应链管理专门社会型企业幸福基金会（幸福分享财团、韩国高等教育财团、SK 微笑金融财团）、社会价值研究院等，开展搞活社会经济、评估社会性成果、基于社会价值提供奖励等，设立各种专门组织并开展相关支持事业，从而带头搞活社会价值生态系统。

对内，SK 集团则将履行社会价值发展为商业模式，试图全面改革企业整体的经营方式。SK 集团正在追求通过全公司共享的社会价值体系，创造可持续发展的企业价值及使社会价值的商业模式内在化。SK 集团核心任务中最具代表性的例子，是以 SK DBL（Double Bottom-Line）为基础，将社会价值根植于整体经营当中的课题。SK DBL 除财务成果外，还对社会价值进行评估；对社会价值的评估包括：通过企业生产的财物及服务创造的商业社会性成果、根据企业经营活动通过其资源转移创造的间接贡献性经济成果以及通过社会贡献活动创造的社会贡献成果等。例如，SK 集团的主要子公司 SK 创新，其为了创造商业社会性成果，试图通过活用和开放企业资产及网络来追求社会价值。SK 创新的子公司 SK 能源，与竞争对手 GS 石油公司以及与物流领域的创业企业建立合作体系，以开发加油站为基础的物流中心共享经济模式。通过这一模式，正式与共享快递业"Homepick"和智能保管箱"CUBE"等联手，通过企业加油站 O2O（Online to Offline）平台进行物流枢纽化和 C2C（Consumer to Consumer）快递运输等，创造出了全新的社会经济和商业领域。不仅如此，还通过搞活地区共享经济、创造工作岗位、清除快递市场死角地带等创造社会成果。通过这些创新尝试，SK 集团已连续在 2017 年、2018 年入选 DJSI World 企业。

（三）中国的实践经验

1. 概要

企业可持续发展既要考虑当前发展的需要，又要考虑未来发展的需要；既要考虑企业经营目标的实现和市场地位的提升，又要保持企业在各自领域和行业中持续的盈利增长和能力的提高，不能以牺牲后期的利益为代价来换取发展。

自 2008 年，国务院国资委以印发《关于中央企业履行社会责任的指导意见》为起点，始终积极倡导和推动中央企业履行社会责任，实现可持续发展。2012 年，开展了中央企业管理提升活动，将加强社会责任管理作为 13 个专项内容之一。2016 年，发布《关于国有企业更好履行社会责任的指导意见》，并设立社会责任专门处室。2019 年 5 月，印发《关于中央企业社会责任报告发布工作有关事项的通知》，明确要求中央企业集团必须发布社会责任报告，原则上每年均应发布。同年 11 月，由彭华岗秘书长参与形成的企业社会责任管理"三步十法"正式发布，作为企业责任管理的指导。负责指导中央企业社会责任工作的原综合局更名为科技创新和社会责任局，持续加强指导、监督、考核，有效、有力地推动中央企业更好地履行社会责任，更好地服务国计民生，更大地彰显社会价值。

十余年来，国务院国资委在推动中央企业加强责任管理、履行社会责任方面开展了大量扎实有效的工作。颁布了《关于印发＜中央企业"十二五"和谐发展战略实施纲要＞的通知》等文件；成立中央企业社会责任指导委员会，启动制定《中央企业社会责任管理指引》《中央企业"十三五"社会责任战略规划》等相关文件，牵头开展企业社会责任立法研究；组织召开了中央企业社会责任工作会议，开展中央企业优秀社会责任实践征集活动，举办中央企业社会责任工作培训班，开展中央企业管理提升活动等，并从 2017 年起连续三年开展中央企业社会责任和中央企业海外社会责任相关研究。国务院国资委持续推动中央企业履行社会责任已走过十多年，从企业社会责任发展指数来看，2019 年已发布的 89 份中央企业社会责任报告实质性平均得分 86.4 分，有 59 份报告实质性得分超过 80 分，国有企业 100 强社会责任发展指数提升至 54.6 分，

连续11年领先于民营企业与外资企业，中央企业已经成为中国企业履行社会责任的先驱。㊀

2.参与全球倡议

应对气候变化，参与可持续发展倡议。气候变化影响着各个大陆上的所有国家，阻碍着国家经济发展，甚至威胁着人类的生存。国资委监管的中央企业积极响应可持续发展倡议，为应对气候变化和落实《巴黎协定》做出重要贡献。中央企业积极开展绿色低碳技术研究，构建市场导向的绿色技术创新体系，加快调整产业结构，大力发展节能环保、清洁生产、清洁能源相关产业，淘汰落后产能。

例如，中国华电集团聚焦发电主业，坚持清洁低碳发展，大力发展非化石能源，不断推进节能降耗，加强碳排放管理，保护生物多样性，以绿色发展方式和生活方式，积极落实减排承诺，为建设更加美好的地球家园贡献智慧和力量。中国铝业集团坚持理念降碳、生产降碳、管理降碳、科技降碳、生活降碳，有效控制碳排放总量，科学管理碳资产，进一步降低二氧化碳排放量，全面提高节能减排和降碳工作水平，自2017年起，连续四年发布《降碳报告》，树立企业绿色形象。

积极响应"一带一路"倡议。国资委监管企业积极投身当地社会建设、社区文化建设和公益事业，造福当地人民，帮助所在地出资建设医院、学校，解决就医难、上学难等问题。

积极推进联合国可持续发展目标（SDGs）。2015年9月，在联合国可持续发展峰会上，193个会员国一致通过了《2030年可持续发展议程》，呼吁各国采取行动，为2030年实现17项可持续发展目标而努力。这些目标涉及社会、经济和环境三个层面的可持续发展，关系到发达国家和发展中国家人民的需求并强调不会落下任何一个人。只有富有爱心的财富才是真正有意义的财富，只有积极承担社会责任的企业才是最有竞争力和生命力的企业。在习近平新时代中国特色社会主义思想的指引下，国务院国资委在支持和引导中央企业不断做强做大、取得辉煌成就的同时，始终鼓励中央企业勇于肩负社会责任，积极探索实现可持续发展的有效途径，把可持续发展融入企业发

㊀ 原诗萌.央企社会责任履行情况分析报告[J].国资报告，2018（3）.

展战略和经营管理中，推动中央企业社会责任工作不断深入，可持续发展水平不断提升。

3. 可持续发展报告与促进研究

企业社会责任报告是企业就其履行社会责任的理念、制度、措施和绩效所进行的系统信息披露，是企业与利益相关方进行全面沟通交流的重要工具和载体，也是反映企业履责综合表现、树立良好品牌形象的重要窗口。国资委郝鹏书记要求中央企业进一步加强社会责任报告发布工作，不断提高国际化程度，通过专题报告、国别报告等多种形式，主动披露企业海外发展和履行社会责任的情况。国资委持续推动中央企业建立社会责任报告制度，要求有条件的中央企业要定期发布社会责任报告或可持续发展报告；明确将"履行社会责任情况"作为中央企业"依法确定主动公开的信息内容"之一，加强社会责任日常信息披露，积极推动利益相关方参与。

中央企业在社会责任报告编制中注重参考国际标准与国内指南。2019 年，有 89 份报告明确披露了报告编写的参考标准。其中，中国社科院《中国企业社会责任报告指南（CASS-CSR4.0）》（75 份报告参考）、国务院国资委《关于中央企业履行社会责任的指导意见》/《关于国有企业更好履行社会责任的指导意见》（69 份报告参考）、全球报告倡议组织（GRI）《可持续发展报告指南》（68 份报告参考）。此外，中央企业在社会责任报告中，注重将企业履责与落实国家战略、增进人民福祉紧密结合，对绿色发展、精准扶贫、"一带一路"建设等重点议题尤为关注，全面体现了中央企业高度的政治意识和责任担当。

在社会责任报告的发布渠道上，官方网站仍是多数中央企业传播报告的首选。部分企业坚持举办专项发布会或嵌入第三方平台发布报告，有助于高层领导和重要利益相关方的参与，提升报告的沟通价值。比如，中国华电集团召开了文化纲要暨可持续发展报告发布会，发布 2018 年度可持续发展报告和首份"一带一路"报告；国家开发投资集团举办新闻发布会，发布 2018 年度社会责任报告，邀请政府领导、行业专家、媒体代表等共同见证，扩大报告的影响力。

在推进可持续发展实践方面，中央企业的特殊定位决定了其特殊责任。作为国民经济压舱石、民生事业顶梁柱、急难险重定心丸、脱贫攻坚主力军、区域协调先行者、美丽中国建设者和海外履责排头兵，中央企业从国家制度安排和整体发展的视角，在抢险救援、应急保障等工作中不畏艰险、冲锋在前，始终以人民群众的需求为出发点，坚决维护人民群众的切身利益。在抗击新冠肺炎疫情中，按照国务院国资委的整体部署，众多中央企业积极履职尽责，捐款捐物，助力打赢疫情防控战。

4. 中国企业实践可持续发展与典型经营案例

（1）中央企业履行企业社会责任概况

中央企业履行社会责任整体上走在了中国企业的前列。根据党和国家的战略需要以及经济社会的发展大局，中央企业承担了大量国家重大研发、建设、生产、试验等任务，以及与国计民生直接相关的服务和保障任务，并在海外履责中发挥了排头兵和领头羊的作用。

进入新时代，中央企业加强社会责任管理。在完善工作制度方面，88%的中央企业在制定或修订企业相关规章制度时，考虑了社会责任因素。在促进融合方面，中央企业积极将社会责任融入企业战略，推动企业与社会、环境持续健康发展。在打造责任品牌方面，11%的企业通过年度发布或定期发布的形式单独发布海外社会责任报告，63%的企业选择在企业年度社会责任报告中同时披露海外业务的信息。[一]

中央企业社会责任报告几经波折，最终实现全覆盖发布。2001年中国石油发布我国第一个社会责任报告《2001年健康安全环境报告》，成为我国践行企业社会责任的先行者；2005年，国家电网公司的社会责任报告得到了时任国务院总理温家宝的肯定性批示"这件事办得好，企业要向社会负责，并自觉接受社会监督"；2006年，中国远洋集团发布了国内第一部按照GRI编制并经第三方独立验证的社会责任报告。2010年，国务院国资委要求中央企业三年内要全部发布社会责任报告。2012年中央企业报告发布数量达到高峰，实现了全部发布报告的目标。但2014年以后，部分中央企业对社会责任报告的重视程度有所减弱，编制和发布的积极性降低。2016年7月1日，国资委发布了

[一] 国务院国资委综合局，中国社会科学院经济学部企业社会责任研究中心. 中央企业社会责任蓝皮书（2017）[M]. 北京：经济管理出版社，2018.

《关于国有企业更好履行社会责任的指导意见》，其中对发布社会责任报告提出了更加明确的要求，2017年中央企业社会责任报告发布数量和比例出现攀升。2018年，受中央企业战略重组影响，中央企业的数量下降，但发布报告数量和比例大幅增长，如图1-2所示。

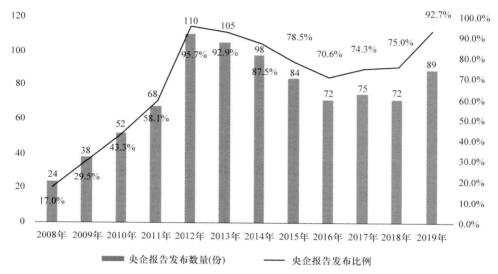

图1-2　中央企业社会责任报告发布数量及比例（2008～2019年）㊀

2019年4月19日，国务院国资委召开了中央企业社会责任工作座谈会，会上详细了解部分企业暂停发布社会责任报告的原因，并强调了发布报告、加强利益相关方沟通的重要性。截至2019年8月9日，96家中央企业中，共89家发布了2018年度社会责任报告，实现报告发布全覆盖㊁，如表1-2所示。

㊀ 2007~2018年中央企业社会责任报告收集截止时间为当年度12月月底，2019年截止时间为8月9日。
㊁ 96家中央企业中，89家已发布报告。其中，中国化工集团有限公司、中国西电集团有限公司2家企业报告于2019年度内发布；中国国际工程咨询有限公司、中国诚通控股集团有限公司、中国普天信息产业集团有限公司、中国农业发展集团有限公司4家企业报告发布周期为两年，2019年为间隔期，不发布报告；中国安能建设集团有限公司于2019年度成立，无法发布报告。

表 1-2 2019 年已发布社会责任报告的中央企业名单

序号	企业	序号	企业
1	中国核工业集团有限公司	28	中国一重集团有限公司
2	中国航天科技集团有限公司	29	中国机械工业集团有限公司
3	中国航天科工集团有限公司	30	哈尔滨电气集团有限公司
4	中国航空工业集团有限公司	31	中国东方电气集团有限公司
5	中国船舶工业集团有限公司	32	鞍钢集团有限公司
6	中国船舶重工集团有限公司	33	中国宝武钢铁集团有限公司
7	中国兵器工业集团有限公司	34	中国铝业集团有限公司
8	中国兵器装备集团有限公司	35	中国远洋海运集团有限公司
9	中国电子科技集团有限公司	36	中国航空集团有限公司
10	中国航空发动机集团有限公司	37	中国东方航空集团有限公司
11	中国石油天然气集团有限公司	38	中国南方航空集团有限公司
12	中国石油化工集团有限公司	39	中国中化集团有限公司
13	中国海洋石油集团有限公司	40	中粮集团有限公司
14	国家电网有限公司	41	中国五矿集团有限公司
15	中国南方电网有限责任公司	42	中国通用技术（集团）控股有限责任公司
16	中国华能集团有限公司	43	中国建筑集团有限公司
17	中国大唐集团有限公司	44	中国储备粮管理集团有限公司
18	中国华电集团有限公司	45	国家开发投资集团有限公司
19	国家电力投资集团有限公司	46	招商局集团有限公司
20	中国长江三峡集团有限公司	47	华润（集团）有限公司
21	国家能源投资集团有限责任公司	48	中国旅游集团有限公司 [香港中旅（集团）有限公司]
22	中国电信集团有限公司	49	中国商用飞机有限责任公司
23	中国联合网络通信集团有限公司	50	中国节能环保集团有限公司
24	中国移动通信集团有限公司	51	中国中煤能源集团有限公司
25	中国电子信息产业集团有限公司	52	中国煤炭科工集团有限公司
26	中国第一汽车集团有限公司	53	机械科学研究总院集团有限公司
27	东风汽车集团有限公司	54	中国中钢集团有限公司

（续）

序号	企业	序号	企业
55	中国钢研科技集团有限公司	73	中国建设科技有限公司
56	中国化学工程集团有限公司	74	中国冶金地质总局
57	中国盐业集团有限公司	75	中国煤炭地质总局
58	中国建材集团有限公司	76	新兴际华集团有限公司
59	中国有色矿业集团有限公司	77	中国民航信息集团有限公司
60	有研科技集团有限公司	78	中国航空油料集团有限公司
61	北京矿冶科技集团有限公司	79	中国航空器材集团有限公司
62	中国国际技术智力合作有限公司	80	中国电力建设集团有限公司
63	中国建筑科学研究院有限公司	81	中国能源建设集团有限公司
64	中国中车集团有限公司	82	中国黄金集团有限公司
65	中国铁路通信信号集团有限公司	83	中国广核集团有限公司
66	中国铁路工程集团有限公司	84	中国华录集团有限公司
67	中国铁道建筑集团有限公司	85	上海诺基亚贝尔股份有限公司
68	中国交通建设集团有限公司	86	华侨城集团有限公司
69	中国信息通信科技集团有限公司	87	南光（集团）有限公司 [中国南光集团有限公司]
70	中国林业集团有限公司	88	中国铁路物资集团有限公司
71	中国医药集团有限公司	89	中国国新控股有限责任公司
72	中国保利集团有限公司		

已发布的社会责任报告呈现出以下三个方面新的特点：

一是回应了时代热点议题。2019 年已发布的 89 份中央企业社会责任报告中，81 份回应了精准扶贫和乡村振兴战略。比如，中国黄金集团聚焦"创新扶贫参与机制，全员助力精准脱贫"，集中展现集团的脱贫理念、路径、行动与成效。其中，有 74 份、73 份和 66 份报告分别回应了创新驱动、生态文明、党的建设三项责任议题。比如，南方电网聚焦"以一流党建引领和保障一流企业建设"，全面展现党组织在建设一流企业过程中的强根固魂作用。其中，有 56 份报告回应了高质量发展，26 份报告回应了区域协调战略。

二是报告披露海外履责，内容国际化程度越来越高。随着"一带一路"建设的推进以及中央企业对海外履责的重视程度提高，2019 年，近八成中央企业的社会责任报告披露了海外履责实践。比如，中国有色矿业集团设置"走进非洲 20 周年，筑梦'一带一路'"专题，中国建筑集团设置"建证·'一带一路'伟大倡议"专题，呈现在海外履行社会责任的理念和实践。部分中央企业还发布了独立的海外社会责任报告，比如，中国石油发布了《中国石油在伊拉克企业社会责任专题报告》，中国兵器工业发布了《中国兵器工业"一带一路"社会责任报告》[一]。

三是形式内容丰富，关键性议题披露充分。尽管中央企业已连续多年发布社会责任报告，但依然在不断创新，引领着中国企业社会责任报告的趋势。一方面，设置特色专题，集中展现年度履责亮点。中国旅游集团开篇设置"90 载荣光，砥砺前行"，系统梳理企业成立 90 年间重要的履责实践，并引入第三方证言作证履责成效，凸显了企业的履责意义。中国电信 2018 年度报告以"迈向高质量发展"为主题，以高质量发展的基础（网络基础）、动能（数字经济）、追求（美好生活）等为主线，详细阐述了企业在数字经济、民生发展、客户服务、员工成长、绿色发展、社会公益、海外履责等重要议题下的年度履责理念、实践与成效，框架结构清晰，重点议题突出。另一方面，创新报告设计，凸显企业行业特色。中交集团报告封面采用延续风格的方式，以一幅连贯的桥梁抽象长图横穿 5 年封面，构建 2016~2020 年 5 册报告风格，既彰显了企业的主营业务特色，又体现了中交集团在"十三五"时期一以贯之的履责承诺。

（2）中国华能集团

中国华能集团将"三色文化"融入企业社会责任建设全过程；参照全球报告倡议组织《可持续发展报告统一标准》，提出推动公司可持续发展的"四大责任"——安全责任、环境责任、经济责任、社会责任；明确公司可持续发展宣言，表明要努力做"五个表率"；通过创新、协调、绿色、开放、共享"五大发展"，形成推动可持续发展的闭环管理体系，构建了具有华能特色的可持续发展模式，如图 1-3 所示。

[一] 尹晓燕. 在履责中唱响央企好声音 [J]. 工人日报，2019-09-06（7）.

图 1-3　中国华能集团可持续发展理念点

在环境保护方面，中国华能集团在电力行业率先发布《污染防治攻坚实施方案（2018—2020 年）》，全面部署燃煤机组超低排放改造、煤场灰场治理、废水治理、建设项目环保"三同时"和煤矿环保治理五大攻坚任务，投入资金 53.2 亿元推进方案落实，累计 281 台、1.12 亿千瓦煤机实现超低排放，比重达到 94%。

同时，中国华能集团积极服务"一带一路"建设，公司境外装机超过 900 万千瓦。国际化开发项目专注带动经济、保护环境、造福百姓、共建和谐，努力实现"共商共建共享共赢"。巴基斯坦萨希瓦尔电站建设高峰期雇用超过 2000 人，派出 164 名巴籍员工到中国培训半年，学习电力技术和企业管理知识，为当地培养大量的企业管理人才和电厂运维专业人才。柬埔寨桑河二级水电站投入近3000万元，为当地受影响的6个村、3845名村民建设移民村，修建配套基础设施，有效助力当地民生改善。

此外，中国华能集团于2013~2018年，累计投入19.35亿元，助力扶贫脱困，扎实推进陕西省榆林市横山区、新疆维吾尔自治区阿合奇县、青海省尖扎县定点扶贫和对口支援工作。

（3）中国移动集团

自2006年起，中国移动以业界通行标准和最佳实践为参考蓝本，创新实施战略性企业社会责任管理模式，坚持以规范管理体系将履责要求与相关方期望融入公司战略与日常运营中，保持了相对领先的可持续发展的绩效。中国移动创新提出"139"履责战略框架，如图1-4所示，以落实创世界一流"力量大厦"为主线，以5G发展为主题，立足"负责任经营、高质量发展"一个基点，着眼于全面履行经济、社会、环境三重责任，以"共铸智慧社会加速引擎""共创普惠包容幸福生活""共建生态和谐美丽家园"为三大方向，全面推进九大可持续发展重点行动，助力联合国可持续发展目标实现。

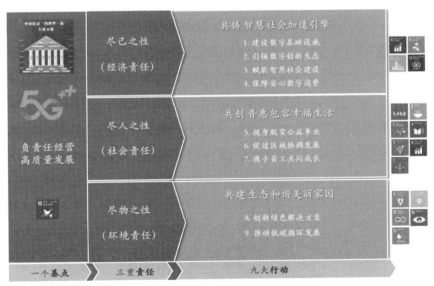

图1-4 中国移动"139"履责战略框架

在社会价值创造方面，中国移动积极结合通信行业特点及自身优势，努力寻找能为社会创造共享价值的机会。十余年来，在提速降费、信息安全、应急保障、信息惠民、精准扶贫、公益慈善、生态保护等重点领域不断创新履责实践，服务国家社会发展大局，助力解决发展不平衡、不充分的问题，努力为人民创造美好生活。中国移动着眼于共享价值的诸多实践探索，不仅为相关方带来全新的数字化生活体验，也为自身战略转型和创新发展带来了新的动力，实现了可持续的价值创造与分享。

与此同时，中国移动以可持续发展报告为载体，全面、系统、规范地披露企业社会责任和价值创造进展。公司遵循全球报告倡议组织（GRI）、港交所《环境、社会及管治报告指引》等国内外最新标准，重点突出企业与行业特色，连续多年编制发布可持续发展报告。公司建立了系统、完善的报告编制方法，以通用标准对标分析、可持续发展热点分析、企业战略解读、舆情分析等方法为研究基础，通过实质性分析识别利益相关方重点关注的责任议题，最终确定报告的主题、框架、关键议题、写作方式和传播形式，同时连续七年引入第三方会计师事务所为关键数据提供独立鉴证，提升报告的公信力。

（4）中国铝业集团

中铝集团坚持"创新、协调、绿色、开放、共享"的新发展理念，不断探索将社会责任国际标准ISO26000运用到管理实践中，形成了具有中铝特色的社会责任管理体系，充分发挥了行业排头兵的作用。

实现社会责任国际标准中国化。2011年，中铝集团率先使用国际标准ISO26000指导企业社会责任实践，编制社会责任报告。2012年，按照国务院国资委相关要求，中铝集团探索把ISO26000应用于企业管理实践的途径，梳理整合出公司治理、员工权益、环境保护、公平运营、社区支持五大领域，明确了社会责任管理模块的329个指标。

"五步法"加大模块管理穿透力。中铝集团制定了标准化、可复制的"五步法"操作指南，指导企业加快构建和应用社会责任管理模块。第一步，结合业务特色，形成社会责任核心理念；第二步，围绕履责实践领域，建立社会责任指标体系；第三步，确定履责主体，梳理责任管理流程；第四步，完善制度体系，建立长效机制；第五步，实施模块化和负面清单管理。中铝集团17家重点实体企业及在建项目按照"五步法"构建了社会责任管理模块，在五大履责领域展开了各具特色的主题实践活动。截至2018年，铝、铜、稀有稀土、工程技术等主要业务板块完成了模块构建工作，在集团整体层面模块覆盖面已超过50%。

"三融合、三同时"持续改进，亮点纷呈。中铝集团形成了"三融合、三同时"的评估和改进机制。一是融入管理职责，做到同落实。重新梳理、界定各层级专业部门的职能职责，对照职能职责明确履责范围和要求，整体融入企业运营管理体系。二是融入流程指标，做到同检查。把流程运转和指标完成情况作为各专业部门和社会责任试点企业总结检查的内容。三是融入绩效管理，做到同考评。各单位每年年初对履责内容进行确认，年中进行进度跟踪，年底进行自检评估。根据评估结果发布年度评估报告，纳入集团绩效考核，在下一年管理模块更新时对责任指标进行补充完善。

三、对社会价值的评估及评价

（一）国际社会对可持续经营及社会价值的评价

1. ESG指数

国际投资银行等金融机构在提供企业投资价值相关的信息时，想要提供一种对经济收益和ESG信息进行综合的信息。据此，世界上名列前茅的机构从20世纪90年代开始采用ESG来对相关企业进行评价，将其以指数形式予以公布。下面将介绍代表性的案例。

（1）道琼斯可持续发展指数（DJSI）

DJSI由美国标准普尔道琼斯公司和瑞士投资公司共同开发，并且从1999年开始予以实施。这既是全世界最久、最有权威的可持续性标准，又是对投资者和公司可持续投资的核心标准。它是从企业的环境、社会、经济方面的冲击效应能够对企业的财务成果产生影响的观点出发来进行开发的。

DJSI针对经济、环境和社会领域分别设立了具体的标准，并且60个细分的产业都有适用的不同的权重值，从而在同种产业中，企业与企业之间可以进行指数对比以及标杆管理。目前，以市值总额为准，DJSI对全球前2500多家企业进行这项评价。根据评价结果，其中排名前10%的企业将纳入道琼斯全球指数（DJSI World）。2019年，有19家[一]韩国企业纳入了DJSI World。

除了包括DJSI World，它还包括以欧洲、北美、亚太及新兴市场等地区为基础的各种指数，并将其指数进行公布，因此使用该指数还可以对各地区之间进行对比分析。2019年，有两家中国企业纳入了DJSI新兴市场指数，分别是中国光大国际有限公司和中国平安保险集团。另外，DJSI还包括被称为"蓝筹股指数"的各产业指数。

（2）明晟凯特400社会指数（MSCI KLD 400 Social Index）

明晟凯特400社会指数（MSCI KLD 400 Social Index）是由摩根士丹利资本国际公司（Morgan Stanley Capital International）对美国股市进行评价时，以权重的方式对社会价值进行评价的一种指数。该指数是自1990年以多米尼指数（Domini 400 Social Index）开始的最初的社会责任投资指数之一。其公开在ESG评价中评价等级优秀的企业，而对那些生产出的产品对社会或环境产生负面影响的企业，则将其排除在名单之外。该指数的母指数为明晟美国可投资市场指数（MSCI USA IMI），是分别对大、中、小规模的上限企业的股份指数。该指数是为了满足那些追求不同维度标准的投资者的需求而制定的，通过该指数，淘汰那些不符合基本价值标准的企业，而保留那些可持续发展较强的企业。现在的评价是以明晟环境、社会和治理研究的数据作为基础。

如上所述，明晟凯特400社会指数是由两个步骤组成的。首先，将与核能、烟

[一] LG电子（株），LG生活健康（株），现代建设（株），未来资产大宇（株），三星证券（株），Coway（株），SK电信（株），SK（株），斗山（株），SKinnovation（株），S-Oil（株），DB（损害）保险（株），三星火灾海上保险（株），KB金融控股，新韩金融控股公司，韩国轮胎（株），三星SDI（株），三星电器（株）和现代制铁（株）19家公司。

草、酒精、赌博、军事武器、民间火器、转基因、成人娱乐相关的企业的证券排除在外。然后，鉴于 ESG 成果、领域以及规模，在合格的企业的目录中对此相应地添加的方式进行评价。该指数的设计，维持了与 MSCI USA 指数类似的领域的权重值，以至少 200 家大型及中型资本为评价对象。企业由此获得通过该指数来产生变动和调整的市值相关的权重值。

（3）全球 100 强指数（Global 100 Index）

在达沃斯论坛上，以全球市值总额靠前的企业为对象，评选并公布全球 100 强可持续性运营企业。自 2005 年开始，由总部设在多伦多的媒体、调查、投资咨询公司"企业爵士"，每年对市值靠前的企业进行调查后将其结果公布于众。以环境、社会、财务、创新力等 17 个成果指标为标准，将社会、经济、生态成本及效益与其价格进行整合后，再从市场参与者能够明确认知自己的行动结果的干净的资本主义（clean capitalism）观点出发，针对市值总额超过 20 亿美元的企业进行评价。

全球 100 强用定量的方法论来确定其名次。为此，企业将接受基于针对 GICS 参与企业的综合的可持续性披露率，为保障财务稳定性的基于财政的 Piotroski F Score 分数，与可持续性相关的罚款、惩罚细则或赔偿金等主要信息的各阶段筛选过程。○

（4）富时社会责任指数（FTSD 4 Good Index Series）

这是由英国《金融时报》和伦敦证券交易所共同成立的 FTSE 国际公司为 ESG 的相关投资而于 2001 年推出的指数。富时社会责任指数是基于对 46 个发达国家以及发展中国家的 3000 个以上的证券市场的调查而开发的指数，该指数包括 15 个以上的标准。

在富时社会责任指数中的 ESG 评价，其是由基础性的 ESG 披露标准和以成果分数细分的综合评价来组成，其以 300 个以上的单个指标评价作为基础。根据企业的独特产业、地理状况，适用不同领域的指标集合（指标集）。要想被编入富时社会责任指数，企业应通过优秀的 ESG 风险管理和惯例，在接受 ESG 综合评价时，在满分 5 分

○ 烟草及国防工业和其下游工业除外。

中需获得 3.1 分以上。㈠

2. ESG 评价体系

另外，对 ESG 进行等级化或分数化，从而通过具体的对比评价来将其反映在投资决策中。特别是，专业咨询机构开发自己的评价模式，并通过对国际知名企业的 ESG 实践水平及改善程度进行分析后，将其作为投资信息来予以提供。下面介绍几个代表性的案例。

（1）汤森路透 ESG 评价体系（Thomson Reuters ESG Score）

汤森路透是美国的一家信息提供机构，该机构由于认识到金融产业中 ESG 数据的重要性，因此为了给客户提供对 ESG 程序（流程）的准确数据以及解决方案，其以公司的数据为基础，提供围绕十个主要主题（如企业的输出、环境、产品革新、人权、股东等）的公司相对 ESG 成果、投入度及效果进行评估和分析的相关服务。汤森路透 ESG 评价体系，其收购并合并瑞士数据企业 ASSET 4，并且对现有的 ASSET 4 的加权平均评级（ASSET 4 Equal Weighted Ratings）进行了升级，从而开发了一种分析服务模式（考虑了对 ESG 框架的反映、基于数据的评价以及接受能力等）。

该分析服务模式的设计是对十个主要的 ESG 主题，以透明、客观的方法评估公司有关 ESG 的相对成果。由十个 ESG 范畴来组成整体的 ESG 分数，并且通过汤森路透 ESG 评价修订体系（ESGC）的总分数来反映与 ESG 相关的否定评价。

汤森路透 ESG 评价体系在每一个会计年度中会公布用两种方式进行评价的结果。其中一个是 Thomson Reuters ESG Score，其公布的内容是基于公开报告的数据为基础进行评估的结果；另一个是 ESGC，这是在现有的 ESG Score 评价的基础上增加反映否定评价的综合性评价分数。通过这两项评价结果来提供适合用户的程序、评价或者投资标准的分数。

（2）EcoVadis 企业社会责任评级（EcoVadis CSR Ratings）

EcoVadis 成立于 2007 年，是一家对 450 多家跨国企业的可持续发展进行评价的

㈠ 为了减少淘汰率并改善惯例和公示，对于评价下降的企业，给予在从指数中淘汰之前 12 个月的宽限期。武器、烟草和煤矿行业从评价对象中排除。

咨询企业。该咨询企业是第一家运营（CSR）评价协作平台的企业，通过该平台对全球供货企业的环境及社会成果进行评价。目前，全球155个国家的5500多家企业在使用EcoVadis公司的CSR评价协作平台。EcoVadis企业社会责任评级从政策、落实（行动）、结果等方面对企业的CSR管理系统的质量进行评估。

该评价方式由五个主题（日常、环境、劳动惯例、工程运营和可持续调配）的39个CSR提问组成。由五个主题平摊分数，以此计算公司的总分数。通过其评价分数，对公司的优势及需改善的领域进行确认。

3. 社会价值评估的主要倡议

在前面介绍的ESG相关评价，最近出现一种新的尝试，即通过量化的数值来评估ESG相关评价。其中，代表性的是社会会计方法论。也就是说，将社会价值以货币单位来换算后，并将其合并到经济价值中。

（1）自然资本联盟（Natural Capital Coalition）

自然资本联盟是由英格兰及威尔士特许会计师协会（ICAEW）[一]主导，于2012年11月为保护和改善自然资本而成立的全球联合体。目前，包括市民社会、科学及学界、经营、会员机构、标准及协定、金融、政府及政策七个领域的利害关系方在内的300多个组织参与该联合体。作为自然资本的价值评价标准指南，自然资本协议（Natural Capital Protocol，NCP）已于2016年7月公布。制定该指南时有以世界可持续发展工商理事会（WBCSD）为中心的38个组织参与了该方法论的开发，并且在世界自然保护组织联盟（IUCN Consortium）的主导下，有50多家食品和纤维行业的企业参与了该方法论的示范性适用活动。2018年4月，联合国环境署金融倡议组织（UNEP FI）成立自然资本金融联盟（Natural Capital Finance Alliance）后，开发金融补编部门（Finance sector supplement）等，对该联合体给予了支持。在2019年7月与社会与人力资本联盟（Social & Human Capital）进行合并，并成立了资本联盟（The Capitals Coalition），这一组织目前在构架社会价值评估的广泛协议结构上起着引领作用。

[一] ICAEW，即Institute of Chartered Accountants in England and Wale，是于1880年成立的拥有15万名会计师的组织（协会）。

（2）价值平衡联盟（Value Balancing Alliance，VBA）

2015年，在WBCSD成员公司中有12家企业①参与并成立了社会影响估值圆桌会议（Impact Valuation Roundtable），它是为将现有开发的社会价值评价方法论予以落实而成立的一个非正式组织，以通过货币价值来体现社会影响作为基础。在技术上，PwC以TIMM②方法论为基础提供了支持。此后，2018年，除了社会影响估值圆桌会议，又与由BASF主导的4家国际规模的会计法人一同成立了以建立和推广全球标准SV评估体系为目标的VBA，目的是导出基于货币化的全球标准评估体系，并制定反映社会价值的会计标准以及企业公示体系，并将其向外界公开，目前有15家企业参与③，为了评估体系的全球标准化进程，将扩大参与企业以及参与地区。目前，韩国SK集团以该协议会的副议长身份参与。

（3）影响力管理项目（Impact Management Project，IMP）

影响力管理项目是2016年成立的非营利机构。英国布里奇斯基金管理公司（Bridges Fund Management Limited）的经理克莱拉·巴比认为，有必要对构成冲击效应的要素达成协议，他还认为，就像世界上有共同的会计标准一样，冲击效应也应该有彼此统一的标准，为此他组织了一批在冲击效应生态系统内从事本业务的相关人士。

影响力管理项目追求的不是取代现有的价值评价方法论，而是追求一种作为整合现有的方法论的框架作用。影响力管理项目提供的冲击效应可以从五个方面（What，Who，How much，Contribution，Risk）来进行定义④。

---

① Adidas AG，Allianz Global Corporate & Specialty，BASF，DSM，Dutch Development Bank，Kering，Lafarge Holcim，Nestlé，Novartis，Olam International，Philip Morris International，SAP Syngenta.

② TIMM(Total Impact Measurement Management)：由国际咨询集团PwC开发的一种评估法，将组织、项目、产品、服务在社会、环境、税收、经济领域中产生的冲击效应用货币价值来进行公式化。

③ 截至2019年年底，有BASF、NOVARTIS、BOSCH、SAP、德国双子塔银行、拉法基豪瑞集团、菲力普·莫里斯公司、SK、Mitsubishi Chemical、Porsche、Volkswagen 11家企业和PwC、KPMG、E&Y、德勤会计师事务所4家咨询公司参与了此项目。

④ What：通过冲击效应产生的结果；Who：体验并感受结果的利益关系人；How much：利益关系人经历并体验结果的量和期间；Contribution：如果未进行冲击行为时，现有市场将带来的结果；Risk：未进行冲击行为时，社会所经历的风险。

(二)SK 双重底线体系(SK Double Bottom Line,DBL)

1. SK 集团及社会价值

随着数字技术的发展,我们已经进入了空间、事物、人能够更加快捷、更加紧密地连接的超连接社会(Hyper-connected Society),因此在企业与社会的关系上需要建立一个全新的模式。这种环境的变化将给企业经营活动带来的最大挑战就是利害关系方的扩大。从传统的角度而言,企业的利害关系方仅局限于公司的成员、股东以及顾客,但是现在其利害关系方的范围逐渐扩大到包括商业伙伴、潜在顾客在内的一般民众。

在这样的背景下,韩国 SK 集团根据时代的变化和企业的经营哲学,不仅从投资者的立场上创造经济价值,还从各种利害关系方的立场上创造社会价值,正在探索新的方式。

第一,明文规定追求社会价值的目标。为此,在 SK 集团的经营方法论中增加了"公司不仅为经济发展做出贡献,而且通过创造社会价值,与社会共同发展"这一内容,并在各关联公司章程中新增加了条款,即"公司为利害关系方之间的幸福能够得以和谐与均衡而努力,并为了长期可持续发展而将同时考虑现在和未来的幸福"。也就是说,通过此举明确宣布了追求社会价值是其经营活动的目的所在。

第二,为了持续创造社会价值,正在对商业模式进行革新。如果说,企业之前的社会贡献活动是与公司的主要事业关联性较小的捐赠活动或者服务活动,那么目前 SK 集团为了通过企业的主要事业来创造社会价值,正在对其商业模式进行革新。例如,SK 能源为了最大限度地利用其加油站所具有的潜力,与物流创业公司合作推出了将加油站利用为物流集散地的上门取货(Homepick)服务。通过这一举措,使快递公司既减轻了因集中货物带来的负担又缩短了配送时间,从而提高了物流效率,顾客也由此省去了等待的时间和费用,同时减少了因移动带来的辛苦。

第三,正在开发创造社会价值的经营管理工具。SK 集团提出,以同时追求社会价值和经济价值的双重底线体系(Double Bottom Line,DBL)经营的出发点是为了对社会价值进行评估。为此,它从 2017 年开始不断地研究并开发了社会价值评估方法论

（分类体系、指标、评估公式等）。在此过程中，征求了经济学、会计学、社会学教授及社会经济相关的专职人员的意见，并通过试验性评估来进一步修订完善了评估原则和标准。2018年，16家关联公司进行了对社会价值的评估，并对外公布了结果。据评估结果显示，16家关联公司所创造的社会价值共达16万亿韩元[一]。考虑到2018年16家公司创造的经济价值（以税前利润为准）为30万亿韩元，这16家公司每创造1000韩元的利润，可以创造约530韩元的社会价值。

不仅如此，为了提高社会价值评估体系的客观性和外界对SK集团的接纳度，SK集团与国内外企业、政府机关就社会价值评估方法进行探讨和研究，不断地完善现有的方法论。此外，还通过搞活社会型企业生态系统、在CEO KPI（核心成果指标）中将社会价值反映到50%等，不断积极探索且果断尝试。

2. 双重底线体系（Double Bottom Line，DBL）

SK将从单纯追求经济价值和利润的单一底线体系（Single Bottom Line，SBL）中摆脱出来，在企业的经营哲学中反映以同时追求和管理经济价值和社会价值为内容的双重底线体系，从而实现企业的可持续的稳定以及进一步的发展。也就是说，SK集团将从主要用于评价企业的经济价值的财务效益，尤其是从损益表（利润表）上的净利润中摆脱出来，将在企业的价值评价中同时反映社会成果。该社会成果对企业创造的社会利益和由此产生的社会费用进行了合算，故命名为双重底线体系。

这种社会效益与财务效益不同，并没有标准化的评估工具和公示制度。但是，为了创造持续稳定的社会价值，有必要制定各营业年度的目标以及对其效益进行管理，这就要求开发社会价值的评估方法。

（1）双重底线体系评估原则

制定评估原则，其目的是保证双重底线体系对社会效益评估的客观性和可信性。在设计其评估算式、确定基准值的全过程中，要遵循以下原则。

[一] 其公布的创造的效益分别是：经济间接贡献效益成果为18.1098万亿韩元，商业社会效益成果为2.3038万亿韩元，社会贡献社会效益成果为1.973亿韩元等。

- 从企业之外的利害关系方的角度出发,对由企业行为带来的效益和费用进行评估。
- 与企业的意图无关,以所有的经营活动作为对象。也就是说,与企业活动的意图或目的无关,对企业在生产、采购、销售等所有经营活动中产生的社会效益和费用进行评估。
- 对社会价值的判断是相对的。因此,是否有社会价值,需以"特定的时代""特定的社会"以及"结构性剧痛状态"等为基准,尽量客观地做出评价。
- 对企业活动的结果进行社会成果评估,即对作为企业活动的结果而产生的利害关系方的社会变化进行评估。
- 估算合理水平的市场价格后,对此进行评估。对包括社会价值在内的财物和服务按照现实的市场价格进行估算。
- 尽量保守地进行估算。
- 对未得到外界回报的成果进行评估。对已从市场得到的回报,则从社会成果中排除。
- 从产生主义的观点来评估每一个年度的社会效益。社会成果归于实际产生社会效益和费用的当年度的成果中。
- 对已考虑到法律及规章制度的社会成果进行评估。也就是说,如果有与社会成果相关的履行法律及规章制度上的义务规定时,只将超过该义务标准的部分视为社会成果。

(2)评估体系

社会成果根据其价值产生的位置,其类型和评估方式有所不同。对组成社会成果的具体维度,根据世界上通用的 GRI 指南,将社会成果划分为环境、社会和治理。另外,根据在企业活动中价值产生的位置,将社会成果划分为产品和服务、过程(组织及内部的价值链)、外部价值链(网络)以及社区。

（3）主要的评估方式

对基准状态和基准值的设定

为评估（社会）成果，设定作为对比基准的基准状态。该基准状态可以是市场的平均值，也可以是法律规定或者制度。SK双重底线体系，将最优先使用市场的平均值作为其基准状态。例如，电动汽车的环境价值，是对比电动汽车与以柴油、轻油、天然气等为燃料的汽车的平均资源消耗和污染物排放水平而得到的。另外，对劳动或同步增长领域等部分指标，则利用规定企业责任的相关法律或者制度作为其基准状态。例如，如果企业为员工的福利而提供的休假天数超过法律保障的劳动者的休假天数时，其超过的部分将作为企业的社会效益来评估；对达不到法律规定的休假天数时，则以社会费用来评估。

并且，为了将社会成果以货币化来体现，设定将成果单位用货币价值来换算的系数，即基准值。例如，将"新录用成果"这一成果指标的"新录用人数"这一成果单位的值，以货币价值来换算的基准值可以使用"相应劳动者的工资"。再如，对排放一吨温室气体的基准值，则采用社会损失性费用，即对"因温室气体给社会造成的社会损失性费用"进行计算后将其作为基准值。该基准值根据可靠的研究资料或者对市场价格的调查资料来设定。

价值估算法

对社会成果的货币化换算大体可以使用两种方法。第一种是直接价值估算法。通过企业的产品或者活动而使社会问题得到解决，或者由此产生公共资产价值时，用直接价值估算法评估企业的产品或活动解决的社会问题或者产生的公共资产价值时，对其直接社会效益的增加部分及费用的节省部分进行评估。第二种是相对价格估算法。相对价格估算法是以现有的与之类似的解决方案的价格或费用为基准，考虑其性能、质量等，以此来对该解决方案的市场价格进行估算的方法。

直接价值估算法，其对通过解决社会问题而产生的直接社会效益的增加部分及费用的节省部分进行估算。例如，将预防传染性疾病的疫苗的社会价值通过直接价值来进行估算，可以推算出由于该疾病而产生的损失费用，即对感染诊断及治疗费用、在患病期间损失的工资、为看病到医疗机构所需的移动费用等，进行合理的假设后，估算所有的费用。

相对价格估算法，不是对通过产品和服务产生的社会效益进行直接估算，而是一种通过与基于相同目的而使用的其他解决方案，即与竞争产品的性能和价格进行对比，以此来估算社会效益的价格的方法。相对价格估算法，是以现有解决方案的价格或费用为基准，考虑其性能和质量等，以此来估算该解决方案所创造出的社会成果。以上面提到的疫苗为例，为了估算该疫苗的相对价格，通过将该疫苗的预防率和价格与其他公司的产品进行对比的方法来估算该疫苗的相对价格，即假设与其他公司的产品具有相同的性能（例如，预防感染率）时，需要对比本公司产品和其他公司产品的价格差距。

以下情况，可通过相对价格估算法来对社会成果进行评估。

➢ 以能够提供类似社会效益的现有产品和服务的价格为基准，对社会成果进行估算。

➢ 即使是如实反映该产品和服务所创造出的社会成果具有较高的合理性指标，但由于数据的获取以及基准值设定较难而难以保证其可信度时，便可以用相对价格估算法。

➢ 该产品的估算价格 = 现有产品的价格 × 该产品的性能水平 / 现有产品的性能水平

总量法和基本单位法

在 SK 双重底线体系中，通常使用针对一个产品或一个活动来评估社会价值的基本单位法。但是，对环境成果进行评估时，以总量法和基本单位法并行的方法进行评估和管理作为基本原则。第一，设定"对比基准"；第二，对相比于对比基准所产生的环境影响，通过用货币价值换算的方式来进行计算。此时，根据环境影响的评估单位不同，评估方法也会有所不同。对此，可大致可分为总量法和基本单位法。

总量法是对在评估年度产生的环境影响（如资源枯竭、环境污染）的总量值原原本本地计算的方法。总量法的意义在于，其能计算出对环境的绝对影响程度，从而完整地反映企业活动的本来状态。因此，将企业活动的绝对环境负荷减少到接近于原始状态的"0"，这是社会要追求的最终目标，这就是总量法的意义所在。

但是，在使用总量法时，随着产量的增加，不可避免地对环境的影响也会相应增加。因此，总量法的局限在于，无法掌握企业为改善环境影响而做出的努力。

基本单位法是指评估每一个单位的生产量对环境影响的一种方法。基本单位法的优点是，不会忽视企业为改善环境成果而做出的努力，并且在产品服务、过程、价值链领域，能够适用于同一原则。

$$基本单位 = 产生的环境影响 / 生产量（或销售量）$$

（三）CASS-CSR4.0 中国企业社会责任发展指数指标体系

1. 理论模型

企业社会责任发展指数是对企业社会责任管理体系建设现状以及社会和环境信息披露水平进行评价的综合指数。根据评价对象不同可产生不同的指数分类，进而形成中国企业社会责任发展系列指数。

企业社会责任发展指数的研究路径如下：依据责任管理、市场责任、社会责任、环境责任"四位一体"的理论模型；参考 ISO26000 等国际社会责任倡议文件、国内社会责任倡议文件和世界 500 强企业社会责任报告指标，优化分行业社会责任指标体系；指标体系结合当前热点社会问题，在往年基础上新增相应内容；从企业社会责任报告、企业年报、企业单项报告[一]、企业官方网站收集企业年度社会责任信息；参考外部权威媒体新闻，补充收集企业社会责任负面消息；对企业社会责任信息进行内容分析和定量分析，得出企业社会责任发展指数，如图 1-5 所示。

本研究根据"三重底线"理论和利益相关方理论等经典的社会责任理论构建出一个责任管理、市场责任、社会责任、环境责任"四位一体"的理论模型，如图 1-6 所

[一] 企业单项报告包括：企业公益报告书、环境报告书、员工报告书、客户报告书等针对特定相关方而对外发布的报告。

示。责任管理位于模型的核心，是每个企业社会责任实践的原点。责任管理包括愿景、战略、组织、制度、文化和参与。市场责任居于模型底部。企业是经济性组织，为市场高效率、低成本地提供有价值的产品或服务，取得较好的财务绩效是企业可持续发展的基础。市场责任包括股东责任、客户责任和伙伴责任等与企业业务活动密切相关的责任。社会责任为模型的左翼，包括政府责任、员工责任、安全生产、社区责任和精准扶贫等内容。环境责任为模型的右翼，包括绿色管理、绿色生产和绿色运营等内容。整个模型围绕责任管理这一核心，以市场责任为基石，以社会责任、环境责任为两翼，形成一个稳定的闭环三角结构。

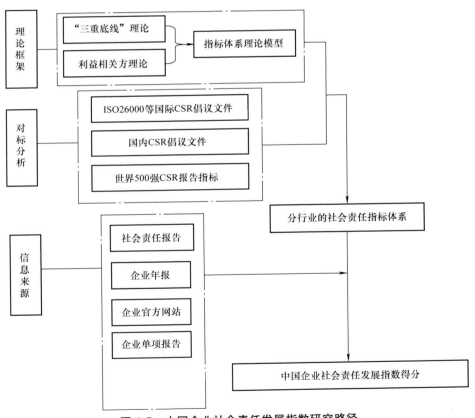

图 1-5 中国企业社会责任发展指数研究路径

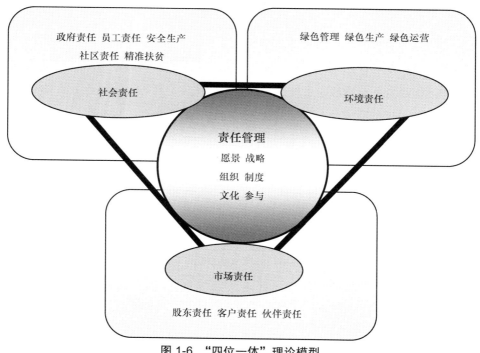

图 1-6 "四位一体"理论模型

2. 指标体系

（1）对标分析

为了使中国企业社会责任发展指数指标体系既能遵从国际规范又符合中国实践，课题组参考了国际标准化组织社会责任指南（ISO26000）等国际社会责任倡议文件和指标体系、《中国企业社会责任报告指南之基础框架（CASS-CSR4.0）》国内社会责任倡议文件和指标体系以及世界 500 强企业的社会责任报告和指标体系。

以《中国企业社会责任研究报告（2018）》为例，指标体系的主要变化体现在以下三个方面：一是根据《中国企业社会责任报告指南 4.0》对指标体系进行了更新；二是结合行业特征，对分行业指标体系进行了更新，增加了行业特色指标；三是参考沪深交易所《关于进一步完善上市公司扶贫工作信息披露的通知》以及《中共中央　国务院关于实施乡村振兴战略的意见》，增加 7 项精准扶贫指标——年度扶贫资金及物资投入、精准扶贫规划、产业扶贫项目类型、主要扶贫实践和成效、建立扶贫组织体系、脱贫人口数量和发布扶贫专项报告。

（2）分行业的指标体系

不同行业社会责任议题的重要性存在着较大差别，中国企业社会责任发展指数依据不同行业的社会责任特性，构建了分行业的企业社会责任指标体系。行业分类以国家统计局的"国民经济行业分类"为基础，参考证监会13个门类划分方式，根据各行业社会责任关键议题的相近程度进行合并和拆分，最终确定了中国企业社会责任发展指数47个行业的划分标准。

（3）议题型的指标体系

考虑到不同行业间社会责任议题的差异，从企业社会责任的一般议题出发，构建了企业社会责任的通用议题评价指标，并结合行业特定社会责任议题，构建了行业特定社会责任议题评价指标，最终形成了中国企业社会责任发展指数"通用议题+行业特定议题"的评价指标体系，如表1-3所示。

表1-3 中国企业社会责任发展指数的指标体系

责任板块	责任议题
责任管理	责任管理
市场责任	股东责任
	客户责任
	伙伴责任
	行业特定议题
社会责任	政府责任
	员工责任
	安全生产
	社区责任
	精准扶贫
	行业特定议题

（续）

责任板块	责任议题
环境责任	绿色管理
	绿色生产
	绿色运营
	行业特定议题

3. 赋权与评分

中国企业社会责任发展指数的赋权和评分共分六个步骤：

（1）根据各行业指标体系中各项企业社会责任内容的相对重要性，运用层次分析法确定责任管理、市场责任、社会责任、环境责任四大类责任板块的权重；

（2）根据不同行业的实质性和重要性，为每大类责任议题以及每一议题下的具体指标赋权；

（3）根据企业社会责任管理现状和信息披露的情况，给出各项社会责任内容下的每一个指标的得分；㊀

（4）根据权重和各项责任板块的得分，计算企业在所属行业中社会责任发展指数的初始得分；

（5）初始得分加上调整项得分就是企业在所属行业中的社会责任发展指数得分。调整项得分包括企业社会责任相关奖项的奖励加分、企业社会责任管理的创新实践加分，以及年度重大社会责任缺失扣分；

（6）如果企业的经营范围为单一行业，则所属行业下的社会责任发展指数得分就是该企业的社会责任发展指数最终得分。各行业权重按照行业的社会责任敏感度设定，跨两个行业的企业，按照"六四"原则赋权，社会责任敏感度较高的行业权重为60%，敏感度较低的行业权重为40%；跨三个行业的企业，按照"五三二"原则赋权，社会

㊀ 评分标准是无论管理类指标还是绩效类指标，如果从企业公开信息中能够说明企业已经建立了相关体系或者披露了相关绩效数据就给分；否则，该项指标不得分。指标得分之和就是该项责任板块的得分。

责任敏感度最高的行业权重为50%，其次为30%，再次为20%。①

4. 数据来源

中国企业社会责任发展指数的评价信息来自企业主动、公开披露的社会和环境信息。这些信息应该满足以下基本原则：①主动性，向社会主动披露社会和环境信息是企业的重要责任，因此，这些信息应该是企业主动披露的信息；②公开性，利益相关方能够通过公开渠道方便地获取相关信息；③实质性，这些信息要能切实反映企业履行社会责任的水平；④时效性，这些信息要反映出企业最新的社会责任实践。

同时，本研究在对企业履行社会责任的情况进行评价时，还考虑了企业的缺失行为和负面信息。由于中国企业很少主动披露负面信息，因此企业社会责任负面信息的来源不局限于社会责任报告、年报和官方网站，课题组统计了新华网、人民网等权威媒体和政府网站的相关报道。

依据上述原则，本研究确定了五类信息来源：年度企业社会责任报告②、企业年报、企业单项报告、企业官方网站以及外部权威媒体新闻报道。

5. 星级划分

为了直观地反映出企业的社会责任管理现状和信息披露水平，课题组根据企业社会责任发展的阶段特征，将企业年度社会责任发展指数进行星级分类，分别为：五星级、四星级、三星级、二星级和一星级，分别对应卓越者、领先者、追赶者、起步者和旁观者五个发展阶段。各类企业对应的社会责任发展指数星级水平和企业社会责任发展特征如表1-4所示。

表1-4　企业社会责任发展类型

序号	星级水平	得分区间	发展阶段	企业特征
1	五星级（★★★★★）	80分以上	卓越者	企业建立了完善的社会责任管理体系，社会责任信息披露完整，是我国企业社会责任的卓越引领者

---

① 社会责任敏感度主要从环境敏感度、客户敏感度考察，耗能大、污染多的行业环境敏感度较高，与消费者直接接触的行业敏感度较高。

② 企业社会责任报告是企业非财务报告的统称，包括环境报告、可持续发展报告、企业公民报告、企业社会责任报告等。

（续）

序号	星级水平	得分区间	发展阶段	企业特征
2	四星级（★★★★）	60~80 分	领先者	企业逐步建立了社会责任管理体系，社会责任信息披露较为完整，是我国企业社会责任的先行者
3	三星级（★★★）	40~60 分	追赶者	企业开始推动社会责任管理工作，社会责任披露基本完善，是社会责任领先企业的追赶者
4	二星级（★★）	20~40 分	起步者	企业社会责任工作刚刚"起步"，尚未建立系统的社会责任管理体系，社会责任信息披露也较为零散、片面，与领先者和追赶者有着较大的差距
5	一星级（★）	20 分以下	旁观者	企业社会责任信息披露严重不足

（四）中国国内其他组织或机构的企业社会责任指标

目前，中国研究企业社会责任指标的文献较多，这里从政府、行业自律、研究机构、学者等维度将文献分类，梳理中国各类机构评价企业社会责任的指标，分类如表 1-5 所示。

表 1-5　企业社会责任指标分类

行业协会、公众企业	政府文件、行业自律性组织	第三方研究机构、学者
券商、投行等金融投资机构	财政部《企业经济效益评价指标体系（试行）》（1995）	中国社科院（2009—2018）
上市公司	国资委《中央企业履行社会责任指导意见》	北京大学民营经济研究院（2009）
中央企业	证券投资基金协会、证券行业协会等《社会责任报告》	中国企业评价协会、清华大学（2014）
民营企业	深圳交易所《社会责任指引》 上海交易所《信息披露指引》 香港联合交易所《环境、社会及管治报告指引》	肖红军（2009） 黄群慧（2009）
具体行业的指标	全国工商联《中国民营企业社会责任报告》	彭华岗（2010） 闫俊武（2011）

1. 政府文件、行业自律性组织中的评价指标

（1）财政部的经济考核指标

按照建立现代企业制度的要求，为了综合评价和反映企业经济效益状况，财政部在反复研究的基础上，制定了一套企业经济效益评价指标体系。这套指标体系包括10项指标，其中，社会贡献率、社会积累率两项指标能够在一定程度上反映企业社会责任，并且能够在企业决算中跟踪调查，如图1-7所示。

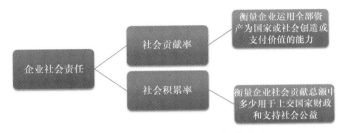

图1-7　财政部社会责任指标的含义

社会贡献率＝企业社会贡献总额÷企业平均资产总额×100%。社会贡献率指标用于评价企业运用全部资产为国家或社会创造或支付价值的能力，在一定程度上表明了企业的社会责任。

社会积累率＝上交国家财政总额与公益性捐赠支出之和÷企业社会贡献总额×100%。社会积累率指标用于衡量企业社会贡献总额中多少用于上交国家财政和支持社会公益事业，间接反映企业的社会责任。

（2）中国证券投资基金业协会的调查数据

2017年，中国证券投资基金业协会以行业"经济环境带动责任、资本市场影响责任、利益相关方责任、责任管理"四大社会责任核心主题的内容为理论基础，从产业责任投资、企业增值服务、投资者责任、员工责任、政府责任、慈善公益发展、责任文化、责任治理、责任推广、责任披露等52个指标对行业社会责任发展现状进行了披露。

（3）香港联合交易所的社会责任报告

2015年香港联合交易所（简称联交所）新修订了《环境、社会及管治报告指

引》，要求所有在港上市公司于 2016 财年开始，将"社会"关键绩效指标项下的雇佣及劳工、营运惯例、社区指标，从一般披露提升至"不遵守就解释"；2017 年 1 月 1 日开始，"环境"关键绩效指标项下的排放物、资源使用、环境及天然资源指标，执行"不遵守就解释"的规定。

（4）全国工商联的民营企业社会责任报告

2018 年，全国工商联首次发布《中国民营企业社会责任报告 2018》蓝皮书，从经济责任、法律责任、环境保护责任、公益慈善事业和助力脱贫攻坚五个方面概括总结了民营企业履行社会责任的基本状况，如表 1-6 所示。

表 1-6　民营企业社会责任指标摘要

大类	指标
经济责任	私营企业数量；技术创新、专利发明、新产品；与"一带一路"国家的进出口总额；军民融合技术成果
法律责任	民营企业税收总量，税收增量
环境保护责任	高耗能、高污染的产品和落后产能；产品环保技术改造；资源使用及能源消耗符合国家规定的环保标准；资源循环再利用
公益慈善事业	公益慈善捐赠；民营企业基金会
助力脱贫攻坚	参与"万企帮万村"行动，帮扶贫困人口数量，产业投资，公益捐赠，安置就业

（5）中国企业评价协会的企业社会责任评价准则

2014 年，中国企业评价协会联合清华大学社会科学学院，历时近两年，起草发布了《中国企业社会责任评价准则》。该评价准则制定了"法律道德""质量安全""科技创新""诚实守信""消费者权益""股东权益""员工权益""能源环境""和谐社区"和"责任管理"10 个一级评价标准，以及 63 个二级和三级评价指标。中国企业评价协会根据企业履行社会责任的实际情况，对各项指标进行打分，最后按照企业各项指标的得分总和，进行社会责任评级，由劣到优分为：C、B、BB、BBB、A、AA、AAA 三类七个基础评级。

（6）其他官方文件中的特征指标

2008 年，国资委出台《关于中央企业履行社会责任的指导意见》，提出中央企业应履行如下 8 个方面的社会责任：坚持依法经营诚实守信、不断提高持续盈利的能力、切实提高产品质量和服务水平、加强资源和环境保护、坚持自主创新和技术进步、保证安全生产、维护员工合法权益、参与社会公益事业等。在文件要求下，中国移动通信集团公司、中国远洋集团等中央企业建立起了社会责任指标体系，全面监控企业运营中的经济、社会、环境风险。

2009 年，上海证券交易所发布《<公司履行社会责任的报告>编制指引》，指出公司编制社会责任报告时应关注：公司在促进社会可持续发展、促进环境及生态可持续发展、促进经济可持续发展方面的工作。自当年起，交易所发布了企业社会责任指数，为投资者提供投资市值参考。

在评价企业绿色发展方面，2005 年原国家环境保护总局发布了《关于加快推进企业环境行为评价工作的意见》，同时下发了《企业环境行为评价技术指南》，从污染排放指标、环境管理指标、社会影响指标三方面构建了企业环境行为评价指标体系。2015 年，环境保护部和发展改革委发布《关于加强企业环境信用体系建设的指导意见》，从污染防治、生态保护、环境管理、社会监督四个方面制定了共 21 个指标，并为每项指标设置了权重。

2. 研究机构、学者的指标综述

（1）企业社会责任指标体系的五维模型

肖红军、李伟阳（2009）构建了企业社会责任指标体系的五维模型：第一类是按照利益相关方维度，将一级指标划分为投资者责任、客户责任、员工责任、商业伙伴责任等；第二类是按照责任内容维度，将一级指标划分为经济、社会、环境、法律、慈善等责任；第三类是按照指标功能维度，将一级指标划分为社会责任管理指标、社会责任沟通指标和社会责任考核指标等；第四类是按照组织层级维度，将一级指标划分为企业整体社会责任指标、部门社会责任指标和岗位社会责任指标等；第五类是作用属性维度，企业社会责任绩效衡量必然要对履责的结果绩效、过程表现和制度建设情况进行全面的衡量。

（2）"四位一体"的理论模型

黄群慧（2009）、彭华岗（2010）根据"三重底线"理论和利益相关方理论等经典的社会责任理论构建出一个责任管理、市场责任、社会责任、环境责任"四位一体"的理论模型：一级指标包括责任管理、市场责任、社会责任和环境责任。其中，责任管理包括三个二级指标，分别是责任治理、责任推进、责任沟通；市场责任包括三个二级指标，分别是股东责任、客户责任、伙伴责任；社会责任包括政府责任、员工责任和社区责任三个二级指标；环境责任包括环境管理、节约资源能源、降污减排三个二级指标。

随后，闫俊武（2011）研究国有企业社会责任评价指标时，对"四位一体"模型进行改进，细分为一般社会责任和特有社会责任，从而构建了三个评价体系。其中，国有企业社会责任的治理评价指标体系分为：治理内容、治理结构、治理措施；国有企业一般社会责任的评价指标体系分为：股东及投资者责任、合伙伙伴责任、消费者责任、政府责任、雇员责任、社区责任、管理体系、资源节约、环境保护；国有企业特殊社会责任的评价指标体系分为：国有资产责任、宏观经济责任、维护社会稳定、慈善责任、管理体系、节能减排。

四、本章小结

国际国内关于企业社会责任和社会价值研究的发展和演变，启示我们：

第一，利益相关者理念正在成为发达市场经济国家推动公司治理和企业履行社会责任的主流指导理念。从联合国、经合组织到欧美发达国家，尤其是德国这样主张"社会市场经济"的国家，越来越重视利益相关者理念，这推动着全球企业社会责任的转型升级。

第二，企业社会责任和社会价值理念正在经历大的变革，越来越重视将企业发展和社会进步同步。经历了第一代的"捐赠者"（想要通过捐赠补偿社会）和第二代的

"逃避者"（想要减少公司活动的负面影响），现在的企业社会责任理念已经进入"创造者"时代，即将企业社会责任视为投资而不是开支。这种公司（企业）与社会的关系，不是零和关系，而是正和关系。

第三，中国企业社会责任和社会价值理念要与时俱进。新时代的中国国有企业社会责任，仍然在诸多方面大有可为，为推进国家现代化和保障人民共同利益做出更大的贡献。诚如既有研究指出的，利益相关者驱动的管理不仅将改善社会，还将有助于改善公司的财务状况。

第二章
中韩企业社会价值指标体系

一、中国企业社会价值指标体系

正如前文所述,已有企业社会责任和社会责任价值指标体系没有细分为投入类与产出类,只是用作披露的指引,不能用于测算企业的社会价值。只有对企业的社会价值进行测算,才有助于企业提高承担社会责任的意识,才能积极引导企业社会责任价值创造实践。因此,本部分基于利益相关者理论,构建了ESG指标体系框架,共7个二级指标、17个三级指标,并在此基础上进一步细化为投入、产出指标,从而全面、客观地测量企业的社会价值。

（一）中国企业社会价值指标体系的构建思路

1. 中国企业社会价值指标体系的理论基础

总的来说,中国企业社会价值指标体系构架于"三重底线"的概念之上,即经济底线、社会底线和环境底线。我们认为,企业是经济主体,追求经济价值是企业的根本目标；对于社会来说,负责任的企业,有意愿为更广泛的群体创造价值,实现共同发展；而环境是影响全人类可持续发展的重要因素,其影响更为广泛。具体到企业社会价值来说,经济方面是企业内部效应,有助于提升企业源发性动力；社会方面是企业外部在经营过程中具有较强联系的主体,包括所在社区、政府、客户等,是影响企业当期发展的重要因素；环境方面则是企业外部更为宏观的影响因素,影响企业可持续发展。根据这一理解,我们由内而外、由近及远地构建了中国企业社会价值指标体系一级指标,选取了公司治理、社会、环境三个方面体现企业创造的社会价值,如表2-1所示。

表 2-1　中国企业社会价值指标体系概览

一级指标	二级指标	三级指标	一级指标	二级指标	三级指标
公司治理	股东	重大信息公开	社会	员工	工作和生活质量
		风险管控与法治建设管理			安全健康福利
社会	客户服务	客户服务质量		地方社区	地方社区投入
	商业伙伴	公平市场环境			消费扶贫
		合作共赢			产业扶贫
		阳光采购			就业培训扶贫
	宏观经济	逆周期调节	环境	环境保护与开发	减少污染物排放
	员工	用工多样性			资源节约
					环境修复

在二级指标构建的过程中，我们借鉴了利益相关者理论。利益相关者理论是国际上普遍认可的企业社会责任、社会价值理论基础之一。研究团队认为，企业创造社会价值的出发点是在追求经济价值的同时，实现企业愿景、共享企业发展成果、带动当地社会与社区发展，实现社会成员对于美好生活的追求，所以，其社会价值的创造需要经过相关利益主体权益的变化进行测定。根据我国国情，我们选取了股东、客户服务、商业伙伴、宏观经济、员工、地方社区、环境保护与开发七个利益相关者作为二级指标。其中，公司治理方面的股东利益相关者，主要体现了企业对于自身内部的社会价值体系构建；社会方面，客户服务、商业伙伴、宏观经济、员工、地方社区等利益相关者，体现了企业对于紧密关联者即所处环境的社会价值的贡献；环境方面，环境保护与开发利益相关者则体现了企业对于地球的生态贡献，体现了长期可持续发展价值。三个方面由内而外，体现了企业社会价值的递进关系。中国企业社会价值指标体系理论示意如图 2-1 所示。

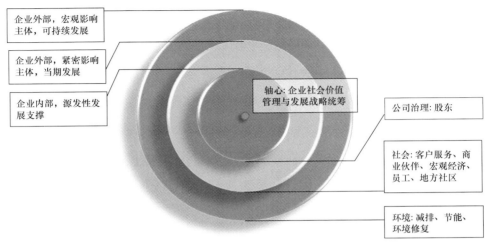

图 2-1　中国企业社会价值指标体系理论示意

最后，我们在二级指标的基础之上逐步分解，选取具有代表性的影响方面，突出量化衡量和可操作导向，构建了三级指标。主要包括股东相关的三级指标（重大信息公开、风险管理与法治建设管理），客户服务相关的三级指标（客户服务质量），商业伙伴相关的三级指标（公平市场环境、合作共赢和阳光采购），宏观经济相关的三级指标（逆周期调节），员工相关的三级指标（用工多样化、工作和生活质量、安全健康福利），地方社区相关的三级指标（地方社区投入、消费扶贫、产业扶贫和就业培训扶贫），环境保护与开发相关的三级指标（减少污染物排放、资源节约和环境修复），广泛覆盖了企业社会价值的多个维度。在三级指标构建的过程中，就企业社会责任和社会价值的关系而言，我方团队和韩方团队保持了密切的沟通，取得了对企业社会责任和社会价值的理解公约数，并将社会价值和经济价值结合起来，使得国有企业的社会价值得到了充分展现。

三级指标层次的构建，奠定了中国企业社会价值指标体系的基础。同时，我们在指标体系构建的基础上，为提升指标体系的测量效果，增强指标体系的功能，引入投入产出的理念，对三级指标从投入与产出两端进行具体诠释，给出了可量化的指标计算公式，以更全面、更充分地反映企业社会价值，形成了投入—产出整体对应的测量体系。这样的构建方式，可以更好地展现企业社会价值"成本—效益"的变化，有助于企业调整战略，提升企业社会价值创造能力。

2. 中国企业社会价值指标体系的功能

国内外对于企业社会责任、社会价值已有较多研究探索，国际上已形成诸多关于企业社会责任、社会价值评价指标体系，包括 ISO26000、SA8000、CASS-CSR4.0、DBL 等。在对已有指标体系进行研究的基础之上，研究团队尝试建立一套可以解决现有指标体系仍存在问题的评价框架，如图 2-2 所示。

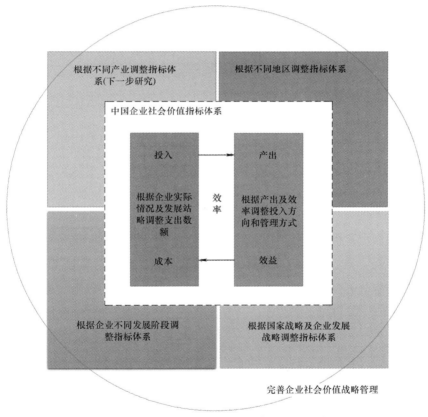

图 2-2　中国企业社会价值指标体系功能示意图

首先是为企业建立直观的评价工具。我们认为中国企业社会价值指标体系的评价主体是企业，必须符合企业的现实情况，具体指标必须直观、可操作、可测量，便于企业进行分析；同时，要对企业最关注的成本—效益做出回答。所以我们从企业社会价值投入—产出两端入手，以定量化、货币化的方式，构建了指标体系。在具体指标选择的过程中，我们与企业保持密切沟通，多次征求企业意见，多次调整公式计算方法，在保证评测体系科学可行的同时，尽量选取企业可获取的数据。

其次是为企业建立一套参考评价框架。在研究过程中我们发现，不同产业、不同地区、不同发展程度的企业，在具体社会价值测算之中差异较大，很难通过一套评价体系完全覆盖。所以我们仅选取了更具有代表性的指标，以供企业参考。在指标体系设计过程中没有设计指标权重，也是由于各类型企业根据所处环境不同，利益相关者获得感差异较大。本次指标体系的构建，仅提供了一种新的思考方式和评价框架，企业可根据具体情况，在指标体系之上进行二次加工，增减指标内容、调整系数，以更加符合企业自身特点和需求。

再次是建立一套以国有企业带动全部企业创造社会价值的引领型指标体系。我国国有企业是履行社会责任、创造社会价值的引领者，具有示范效应和带动作用。本次指标体系的建立，从国有企业的特点入手，构建指标体系。同时，指标体系也可以推广至不同所有制企业，作为评价的参考框架，更有利于促进构建企业创造社会价值的环境。

最后是建立一套符合中国国情的指标体系。为解决部分国际指标体系在我国"水土不服"的情况，我们充分考量我国国情，以国内现实情况为基础建立了指标体系。指标体系的内容，可根据经济不同周期及社会情况赋予权重，以更好地引导企业创造社会价值。同时，也可作为国际评价的参考框架，为其他国家及地区提供中国企业发展经验。

3. 中国企业社会价值指标体系的特点

一是较全面参考了国际社会责任、社会价值研究经验。在研究过程中，我们不仅对于已有指标体系进行了深入研究，更是在具体指标的选择上，对标各指标体系，分析优劣性及适用性，选取最优路径。可以说，本次研究是站在前人攀登的高度之上继续攀登，进行了有益的探索。

二是更符合我国国情。在各级指标的构建中，我们根据国内经济环境、人文特色、国家战略等选取具体指标，并对指标赋予更贴切的涵义，使指标体系更符合我国国情。如地方社区利益相关方中，我们更多地从脱贫攻坚的视角切入，结合我国国家战略，进行测定与分析。

三是以可测量、可操作为导向，降低企业测量负担。我们在总结经验、进行创新的过程中，尊重企业运营规律，在企业现有运行体系的基础之上，选取既有代表性又具科学性的可测量指标，以保证指标体系可测量、可量化、可货币化。

四是引入投入产出理念，更适于企业完善自身社会价值体系建设。企业是经济主体，必须要实现可持续发展，需要在经济价值和社会价值之间找到平衡点，投入—产出理念的引入，可以使企业更好地制定战略，实现可持续性高质量发展。同时，由于企业可以更清晰地从指标体系中找出成本和效果的关系，可以针对弱势项目改善企业社会价值的管理，提升社会价值创造效率。

五是建立企业综合价值最大化导向。现代企业在追求经济价值之上更要追求社会价值，实现企业可持续发展，与社会共享发展成果，实现经济价值与社会价值相统一的综合价值最大化。本指标体系将企业社会价值量化、货币化，为进一步评价企业综合价值提供了分析工具，是建立企业综合价值最大化导向的基础工具之一。

（二）公司治理

有效的公司治理是企业实现可持续发展的基石，企业应该推进公司治理管理体系建设，及时披露相关信息。公司治理的利益相关方主要是股东。

企业对股东的责任体现在：股东能够公平公正地参与公司治理，企业经营管理的重大决策信息透明，有良好的风险防控机制，从而使股东在风险来临时免遭损失。股东责任下设重大信息公开、风险管控与法治建设管理两个三级指标。定期公开重大信息、加强风险监控，让股东充分了解公司经营现状，保护股东基本权益。

（1）重大信息公开

企业具有推进社会责任管理体系建设，并及时披露重大相关信息的责任。其中投入类指标是社会责任管理。

投入类指标

- **指标名称**：社会责任管理
- **指标解释**：是否发布社会责任报告或者可持续发展报告等重大信息。重大信息公开设置为系数指标，如未及时公开，则认为公司未尽职向股东履行责任，二级指标整体评分为0。
- **计算公式**：不发布计为0，发布计为1。
- **数据来源**：公司官网、公开发布的社会责任报告。

（2）风险管控与法治建设管理

风险管控与法治建设管理能够帮助企业防范经营风险，加强合规管理，保护股东的基本权益，保障企业持续健康发展。其中，投入类指标是风险管控与法治建设投入，与其对应的产出类指标是风险管控与法治建设绩效。

1）投入类指标

- **指标名称**：风险管控与法治建设投入
- **指标解释**：内部监督机构为披露信息标准化、加强风险管理而进行的投入，以及为企业建立完备的法律体系、开展各种内部法律教育而投入的费用，购买法律服务、聘用总法律顾问的成本，开展集团内部巡视的各项费用。
- **计算公式**：

$$风险管控与法治建设投入 = 内部审计费用 + 律师服务费 + 内部巡视成本 + 相关制度修订费用$$

- **数据来源**：内部审计、财务内控、法律风控部门。

2）产出类指标

- **指标名称**：风险管控与法治建设绩效
- **指标解释**：包括风险管控绩效与法治建设绩效两方面，风险管控绩效为企业加强全面风险管理、总法律顾问制度、重大舆情监控等风控措施，避免的潜在处罚或者经济损失；法治建设绩效为企业各种违法行为导致的社会成本。
- **计算公式：**

$$风险管控与法治建设绩效 = 风险管控绩效 + 法治建设绩效$$

> 风险管控绩效是指国资委相关厅局负责的"全面风险管理""总法律顾问制度""重大舆情监控"的业务考核结果。
> 法治建设绩效是指考察期内企业涉诉的处罚金额。

- **数据来源：** 内部审计、财务内控、法律风控部门，以及国资委专项检查、审计署审计公告、法院诉讼披露。

（三）社会

企业社会责任综合价值描述企业对利益相关者社会责任的承担和贡献，提升企业能力并对企业外部环境产生正向影响，主要包括客户服务、商业伙伴、宏观经济、员工和地方社区五个利益相关方。

1. 客户服务

客户服务主要体现了一种以客户满意为导向的价值观。客户服务主要体现在客户服务质量上，通过为客户生产优质产品、提供良好服务等提高客户满意度。

客户服务质量主要描述企业产品质量保障、质量改善等方面。其中，投入类指标是服务保障投入，与其对应的产出类指标是服务价值改善和服务价值创造。

1）投入类指标

- **指标名称：** 服务保障投入
- **指标解释：** 为保证客户（企业客户或者个人消费者）服务质量的投入。
- **计算公式：**

$$服务保障投入 = 为客户提供安全稳定、高质量产品（服务）的投入 - 基本安全质量投入$$

- **数据来源：** 企业客户服务部、企业质量检测部、企业安全生产部。

2）产出类指标
- **指标名称 1**：服务价值改善
- **指标解释**：企业支付赔偿金和补偿金的减少。
- **计算公式**：

服务价值改善 = 考察期末企业直接向客户支付赔偿金 + 较上一年补偿金的减少额

- **数据来源**：企业客户服务部、企业质量检测部、企业安全生产部。
- **指标名称 2**：服务价值创造
- **指标解释**：企业提供的产品或服务安全质量水平，高于计划或者承诺的安全质量水平，由此产生的社会价值。
- **计算公式**：

生产型企业服务价值 =（企业提供产品的安全质量水平 − 既定安全质量标准值）× 安全货币当量

商贸服务型企业服务价值 =（企业提供服务的安全质量水平 − 行业平均安全质量标准值）× 安全货币当量

> 对于生产型企业提供产品的质量水平可选用实际售电量、工程进度等，既定质量标准值可选用年度计划售电量、年度施工计划等。

> 商贸服务型企业提供服务的质量水平可选用服务范围、服务人数等，行业服务质量平均值可选用平均服务范围、平均服务人数、平均投诉率等。

> 安全货币当量是企业提供产品、服务安全质量水平的单位价格。例如，发电企业的服务价值创造为年度超额售电量乘以单位电价计算出的金额，其中单位电价为年度发电总成本除以年度实际发电量，单位电价就是货币当量的概念。

- **数据来源**：企业销售部门、企业生产规划部门。

2. 商业伙伴

企业的商业伙伴主要有债权人、上下游供应商、上下游分销商、同行业竞争者及其他社会团体。对商业伙伴的社会责任主要包括公平市场环境、合作共赢和阳光采购三个方面。公平竞争的市场环境是市场积极性和创造性的根本保证，企业在其中才有可能实现效率最优化和效益最大化。企业与商业伙伴的合作共赢有利于构建行业生态圈，促进行业和谐发展。阳光采购要求企业通过合理的竞价议价谈判，能够有效降低采购成本，提高采购效率，避免采购过程中的暗箱操作。

（1）公平市场环境

市场环境与企业的市场营销活动密切相关，公平市场环境可以给企业带来更多的市场机会。其中，投入类指标是诚实守信和应付账款；产出类指标是公平交易和债务逾期。诚实守信与公平交易对应，应付账款与债务逾期对应。

1）投入类指标

- **指标名称1**：诚实守信
- **指标解释**：考察期内企业履行合同的金额。
- **计算公式**：

$$经济合同履行额 = \frac{履行合同数量}{总合同数量} \times 年度总签约额$$

- **数据来源**：企业财务部门、企业法律部门。
- **指标名称2**：应付账款
- **指标解释**：考察期末企业应付账款金额。
- **数据来源**：企业财务部门。

2）产出类指标

- **指标名称1**：公平交易
- **指标解释**：未履行合同所产生的社会损失。
- **计算公式**：

$$社会损失 = 因未履行合同给供应商和采购商造成的社会损失 + \\ 因未履行合同遭到司法或行政处罚$$

- **数据来源**：企业财务部门、企业法律部门，以及法院诉讼披露。
- **指标名称2**：债务逾期

- **指标解释**：企业应付账款逾期给合作伙伴带来的资金压力。
- **计算公式**：

$$资金成本 = 应付账款逾期额 \times (1 + 当期银行商业贷款基准年利率) \times \frac{逾期时间}{360}$$

- **数据来源**：企业信息披露、交易所等公开市场披露。

（2）合作共赢

合作共赢是指企业与合作伙伴为同行业发展共同努力，实现互惠互利、相得益彰。其中，投入类指标有协作共赢、创新孵化、供应链安全和管理培训，产出类指标有产业生态圈、协同创新、稳健供应链和管理模式/标准分享。协作共赢与产业生态圈对应，创新孵化与协同创新对应，供应链安全与稳健供应链对应，管理培训与管理模式/标准分享对应。

1）投入类指标

- **指标名称1**：协作共赢
- **指标解释**：企业为所在行业发展提供的项目支持、技术标准支持以及营造生态圈的总投入。
- **计算公式**：

总投入 = 项目投入 + 制定技术标准的研发投入 + 共享技术的估值 + 协会会费等

- **数据来源**：企业战略部门、企业研发部门。
- **指标名称2**：创新孵化
- **指标解释**：企业为创新创业提供的资金、技术、人才等方面的总支出。
- **计算公式**：

$$总支出 = 资金成本 + 技术成本 + 人员成本$$

- **数据来源**：企业战略部门、企业研发部门、企业人力资源部门、企业财务部门。
- **指标名称3**：供应链安全
- **指标解释**：为维护企业供应链安全性、稳定性、健全性的总投入。
- **计算公式**：

$$供应链安全投入 = 相关制度建设费用 + 供应链维护费用$$

- **数据来源**：企业财务部门、企业战略发展部门、企业法律风控部门。
- **指标名称4**：管理培训
- **指标解释**：企业为产业链内上下游企业提供的管理培训服务。
- **计算公式**：

$$管理培训投入 = 为产业链内相关企业提供的管理培训费用 + 培训平台建设费用$$

➢ 培训训平台是指企业下设专业培训中心或专业研究院。
- **数据来源**：企业财务部门、企业人力资源部。

2）产出类指标
- **指标名称1**：产业生态圈
- **指标解释**：带动企业所在行业长远发展的价值创造。
- **计算公式**：

$$产业价值创造 = 企业投资产业发展基金额 + 孵化项目估值$$

➢ 如：协会与技术联盟成员数量、孵化项目数量等。
- **数据来源**：企业战略部门、企业资本运营部部门。
- **指标名称2**：协同创新
- **指标解释**：创新创业项目总体价值创造。
- **计算公式**：

$$项目价值创造 = 无偿现金捐款 + 无偿捐赠实物 + 无偿或低利息委托借款金额 + \\ 无偿或低利息出租实物 + 企业创新基金数额$$

➢ 其中，无偿现金捐款为企业捐款总额（投入金额），无偿实物捐赠为实物捐赠的市场价格估值，无偿或低利息委托借款是通过金融机构对创新创业企业或个人的贷款金额，无偿或低利息出租实物为租赁合同中的租金，企业创新基金是指企业为创新创业组建的内部基金，以及投资于其他创新创业基金的投资额。
- **数据来源**：企业财务部门、企业资本运营部部门。
- **指标名称3**：稳健供应链

- **指标解释**：企业拥有稳健的供应链而能够持续提供产品和服务的社会成果。
- **计算公式**：

  社会成果 = 企业供应链融资额 + 企业公开采购率 × 年度合同采购额

- **数据来源**：企业财务部门、企业采购部门。
- **指标名称4**：管理模式/标准分享
- **指标解释**：对商业伙伴的管理、标准方面的支持，包括日常管理支持、新招聘职员培训、经验借鉴给商业伙伴、为商业伙伴提供高层学习平台、为商业伙伴提供生产/服务标准。
- **计算公式**：

经营管理分享绩效 = 培训平台管理费用 + 管理模式/技术标准的市场估计值 + 职员培训人数 × 企业平均工资

- **数据来源**：企业财务部门、企业人力资源部门。

（3）阳光采购

阳光采购是指企业遵循"公开、公平、公正"和"质量优先，价格优先"的原则，采购产品或服务的行为。其中，投入类指标是阳光采购，对应的产出类指标是采购舞弊。

1）投入类指标

- **指标名称**：阳光采购
- **指标解释**：企业为实现阳光采购，对采购系统、采购制度、采购流程等规范化的投入。
- **计算公式**：

  阳光采购投入 = 企业开展采购过程中对投标单位的信息核查费用

- **数据来源**：企业采购部门、企业内审部门。

2）产出类指标

- **指标名称**：采购舞弊
- **指标解释**：未遵守阳光采购（产品服务质量）造成的社会损失，表现为企业因违背阳光采购规则而带来的诉讼费和行政罚金。

- **计算公式**：
$$社会损失 = 非阳光采购的相关诉讼费 + 非阳光采购的罚金$$
- **数据来源**：企业法律部门、法院公开处罚信息。

3. 宏观经济

企业对政府的社会责任在于税收贡献，促进社会就业，拉动经济发展和转型，具体体现在经济环境较差时对经济、社会等方面的调节。企业在逆周期时积极投资、稳定就业等行动，能够在一定程度上对可能的经济风险进行对冲和缓释。逆周期调节是指企业在经济环境较差时，为稳就业、稳金融、稳外贸、稳外资、稳投资、稳预期而参与调节经济的行动和绩效。其中，投入类指标是企业投资，与其对应的产出类指标是纳税责任和稳定就业。

1）投入类指标
- **指标名称**：企业投资
- **指标解释**：企业在逆周期经济环境下，与同期相比增加的项目投资额。
- **数据来源**：企业战略发展部门。

2）产出类指标
- **指标名称1**：纳税责任
- **指标解释**：在逆周期内的税务稽查中，企业仍然尽职尽责地履行纳税义务，体现为企业被处罚的纳税罚金减少额。
- **计算公式**：

$$罚金减少额 = 逆周期内企业被处罚的税收罚金 - 同期企业被处罚的税收罚金$$
$$若罚金减少额<0，税收责任 = 罚金减少额的绝对值$$

- **数据来源**：税务部门。
- **指标名称2**：稳定就业
- **指标解释**：企业在逆周期中不裁员，同时新增就业机会。
- **计算公式**：

$$创造就业机会成果 = （同业对标企业员工流失率）× 本企业职工数 + 当期员工数 - 前年度员工人数 × 员工平均工资$$

- **数据来源**：企业人力资源部门。

4. 员工

企业对员工在经济和物质利益、职业生涯发展和人际关系等方面履行相应的社会责任，影响员工的缺勤、离职等行为。员工责任主要包括用工多样性、工作和生活质量、安全健康福利三个方面。用工多样性是影响个人创新行为和绩效的重要因素，能够为企业带来创新活力、较高生产力以及降低员工流失率等。为员工提供健康安全的工作氛围和优质的生活质量，有利于增加员工的幸福感和对企业的忠诚度。

（1）用工多样性

用工多样性主要体现在对女性员工的培训支出和对少数民族员工提供的就业机会上。其中，投入类指标是女性员工培训投入和少数民族员工投入，产出类指标是女性员工公平待遇和少数民族员工公平待遇。女性员工培训投入与女性员工公平待遇对应，少数民族员工投入与少数民族员工公平待遇对应。

1）投入类指标

- **指标名称1**：女性员工培训投入
- **指标解释**：企业为培训女性员工所支付的金额。
- **计算公式**：

$$女性员工培训投入 = 企业女性员工就业比例 \times 培训总费用$$

- **数据来源**：企业人力资源部门。
- **指标名称2**：少数民族员工投入
- **指标解释**：企业为培训少数民族员工所支付的金额。
- **计算公式**：

$$少数民族员工投入 = 企业少数民族员工就业比例 \times 培训总费用$$

- **数据来源**：企业人力资源部门。

2）产出类指标

- **指标名称1**：女性员工公平待遇
- **指标解释**：女性员工晋升机会的公平性。

- **计算公式**：

女性员工待遇公平性 = 公司因女性员工晋升机会不公平而受到的投诉、处罚金额

- **数据来源**：企业人力资源部门。
- **指标名称 2**：少数民族员工公平待遇
- **指标解释**：少数民族员工晋升机会的公平性。
- **计算公式**：

少数民族员工待遇公平性 = 公司因少数民族员工晋升机会不公平而受到的投诉、处罚金额

- **数据来源**：企业人力资源部门。

（2）工作和生活质量

工作和生活质量是指企业在《中华人民共和国劳动法》规定的基础之上，进一步维护和保障员工的劳动收益，进而使员工有更多的参与感、更高的工作满意度并减少员工的工作压力。其中，投入类指标是员工福利，与其对应的产出类指标是薪酬竞争力、超额工作补偿和休假制度保障。

1）投入类指标

- **指标名称**：员工福利
- **指标解释**：为提高劳动者工作、生活质量而投入的费用（包括员工培训投入、文化建设投入、加班补偿费、带薪年假的工资、体检费以及心理辅导费用）。
- **计算公式**：

员工福利投入 = 企业人力资源部门相关投入 + 企业各级工会相关投入 + 文化建设投入

  ➤ 其中，企业人力资源部门相关投入包括培训、加班补偿、带薪休假等，企业各级工会相关投入包括体检费用、心理辅导等。

- **数据来源**：企业人力资源部门、各级工会、党建宣传部门。

2）产出类指标

- **指标名称 1**：薪酬竞争力
- **指标解释**：相同岗位下，企业员工薪酬与同行业员工最高薪酬的差额，反映出

企业薪酬的竞争力差异。

- **计算公式**：

$$\text{薪酬竞争力水平} = \frac{\text{本年度离职员工数}}{\text{抽样企业参与抽样人数}} \times \sum (\text{抽样企业某一岗位员工薪酬} - \text{同行业抽样企业中员工最高薪酬})$$

- **数据来源**：企业人力资源部门。
- **指标名称2**：超额工作补偿
- **指标解释**：超出法定工作时间的社会补偿。
- **计算公式**：

$$\text{工作时长的货币价值} = (\text{员工每周平均工作时间} - \text{基准工作时间}) \times \text{企业员工年度平均工资} \div (5\text{天} \times 8\text{小时} \times 52\text{周})$$

- **数据来源**：企业人力资源部门。
- **指标名称3**：休假制度保障
- **指标解释**：员工使用带薪年假、产假、探亲假等提高生活质量。
- **计算公式**：

$$\text{休假制度绩效} = \frac{\text{企业员工年度平均工资}}{52\text{周} \times 5\text{天}} \times (\text{员工实际使用带薪年假、产假、探亲假的天数} - \text{基准休假制度天数})$$

- **数据来源**：企业人力资源部门。

（3）安全健康福利

安全健康福利是指企业加强安全生产管理，建立安全生产责任制度，保障员工的安全和健康。其中，投入类指标是安全生产投入，与其对应的产出类指标是事故伤害损失。

1）投入类指标
- **指标名称**：安全生产投入

- **指标解释**：为安全生产追加投入的费用（教育、培训费用）。
- **计算公式**：

$$投入 = 安全教育费用 + 安全生产培训费用$$

- **数据来源**：企业人力资源部门、企业安全生产相关部门。

2）产出类指标

- **指标名称**：事故伤害损失
- **指标解释**：灾害造成的成员安全事故的损失。
- **计算公式**：

$$安全保护绩效 = 企业工伤保险补偿金额 + 社保工伤保险补偿金额$$

- **数据来源**：企业人力资源部门、社保部门。

5. 地方社区

企业在保持可持续发展、提升经营业绩、保障股东利益的同时，应当在社区福利、救灾救困、公益事业等方面积极创造社会价值。企业在地方社区创造的社会价值主要包括地方社区投入、消费扶贫、产业扶贫和就业培训扶贫四个方面。企业通过加大对地方社区捐赠、购买贫困地区商品和直接进行产业投资，能够促进社区发展；通过对失业人员进行就业培训，能够提高社区就业率，实现社区和谐稳定。

（1）地方社区投入

企业对其所在地社会的无偿捐助和赞助，由此带来的社会治理水平和治理能力的提升。其中，投入类指标是社区捐赠，与其对应的产出类指标是社区治理能力提升。

1）投入类指标

- **指标名称**：社区捐赠
- **指标解释**：捐赠总额包括扶贫救困、捐资助学、医疗救助、社会救济、灾难保护捐赠、社区环境整治等。
- **计算公式**：

$$投入 = \sum（扶贫救困 + 捐资助学 + 医疗救助 + 社会救济 + 灾难保护捐赠 + 社区环境整治）$$

- **数据来源**：企业党委宣传部门、企业战略规划部门等社会责任管理部门。

2）产出类指标

- **指标名称**：社区治理能力提升
- **指标解释**：企业的捐赠赞助行为和企业员工志愿服务，提升社区综合治理能力和水平。
- **计算公式**：

$$治理能力提升 = 企业捐赠赞助总额 + \frac{企业员工年度平均工资}{5天 \times 8小时 \times 52周} \times 志愿服务小时数$$

- **数据来源**：企业党委宣传部门、企业人力资源部、企业战略规划部门等社会责任管理部门。

（2）消费扶贫

企业通过购买贫困地区的商品和服务帮助脱贫的效果。其中，投入类指标是购买贫困地区商品，与其对应的产出类指标是贫困地区收入增长。

1）投入类指标

- **指标名称**：购买贫困地区商品
- **指标解释**：直接购买或帮助销售贫困地区商品（农副产品）的费用。
- **计算公式**：

$$投入 = 直接购买合同金额 + 搭建销售平台的费用$$

- **数据来源**：企业法律部门、企业财务部门、企业销售部门。

2）产出类指标

- **指标名称**：贫困地区收入增长
- **指标解释**：由采购、消费带来的贫困地区收入的增长量。
- **计算公式**：

$$贫困地区收入增长 = 企业年度商品销售合同金额$$

- **数据来源**：企业扶贫责任书。

（3）产业扶贫

企业通过对贫困地区进行产业投资达到扶贫效果。其中，投入类指标有产业扶贫的投入、投资开发扶贫、特色产业扶贫，产出类指标有产业扶贫项目综合贡献、投资开发扶贫项目经济效益和特色产业扶贫项目经济效益。产业扶贫的投入与产业扶贫项目综合贡献对应，投资开发扶贫与投资开发扶贫项目经济效益对应，特色产业扶贫与特色产业扶贫项目经济效益对应。

1）投入类指标

- **指标名称1**：产业扶贫的投入
- **指标解释**：为贫困地区投资建设基础设施的金额。
- **计算公式**：

$$投入 = \sum 产业扶贫项目投资额$$

- **数据来源**：企业战略规划部、企业投资运营部。
- **指标名称2**：投资开发扶贫
- **指标解释**：为贫困地区投入的、与企业主业相关的项目投资额。
- **计算公式**：

$$投入 = \sum 投资开发扶贫项目投资额$$

- **数据来源**：企业战略规划部、企业投资运营部。
- **指标名称3**：特色产业扶贫
- **指标解释**：为贫困地区投入的、与地区特色产业相关的项目投资额。
- **计算公式**：

$$投入 = \sum 特色产业扶贫项目投资额$$

- **数据来源**：企业战略规划部、企业投资运营部。

2）产出类指标

- **指标名称1**：产业扶贫项目综合贡献
- **指标解释**：企业为贫困地区提升基础设施水平，带来的对地区生产总值和员工收入增长的贡献。

- **计算公式：**

    产业项目绩效＝对贫困地区经济增长贡献＋劳动者收入贡献

- **数据来源：** 贫困地区地方政府出具项目综合贡献证明。
- **指标名称2：** 投资开发扶贫项目经济效益
- **指标解释：** 为贫困地区植入营利性产业项目，给地方政府带来的税收贡献和利润分享贡献。
- **计算公式：**

    产业项目绩效＝归地方政府的税收分成＋地方政府分享的营业利润

- **数据来源：** 贫困地区地方政府出具项目经济效益贡献证明。
- **指标名称3：** 特色产业扶贫项目经济效益
- **指标解释：** 为贫困地区植入特色产业项目，给地方政府带来的税收贡献和利润分享贡献。
- **计算公式：**

    产业项目绩效＝归地方政府的税收分成＋地方政府分享的营业利润

- **数据来源：** 贫困地区地方政府出具项目经济效益贡献证明。

（4）就业培训扶贫

企业通过对贫困地区的管理者、技术人员等进行专业化培训，达到带动贫困地区就业的目的。其中，投入类指标是人员培训投入，与其对应的产出类指标是带动就业收入改善。

1）投入类指标

- **指标名称：** 人员培训投入
- **指标解释：** 企业为贫困地区的管理者、专业技术人员支付的教育培训，以及企业负担的挂职干部工资及补助。
- **计算公式：**

    投入＝企业支付的教育培训＋企业负担的挂职干部工资及补助

- **数据来源**：企业人力资源部门。

2）产出类指标

- **指标名称**：带动就业收入改善
- **指标解释**：支持贫困地区的贫困人口获得就业机会，从而增加就业后收入的成果。
- **计算公式**：

就业教育扶贫绩效 =（支援后贫困地区平均工资 − 支援前贫困地区平均工资）× 参加培训的人数

- **数据来源**：贫困地区地方政府出具工资证明、企业人力资源部门。

（四）环境

企业在追求自身盈利最大化的过程中，会对生态环境和社会可持续发展方面产生负面影响，企业社会价值是指企业通过自身投入达到降低负外部性的效果。环境的社会价值重点体现在环境保护与开发方面，主要描述了企业进行环境保护与利用的投入程度及实际效果。

环境保护与开发包括减少污染物排放、资源节约和环境修复三个方面。其中，减少污染物排放指企业各过程中减少资源消耗和废物产生，或将废物进行再利用的投入及实际效果；资源节约指企业产品从能源生产到消费的各环节，降低能源消耗、减少资源损耗的投入及实际效果；环境修复是指企业修复自然生态系统的投入及实际效果。

1. 减少污染物排放

减少污染物排放主要指企业通过在生产、流通和消费等过程中减少资源消耗和废物产生，或对废物进行再利用，承担保护环境的义务。其中，投入类指标是环境保护总投资额，与其对应的产出类指标是大气污染减排、水污染减排、固体废物处理和温室气体减排。

1）投入类指标

- **指标名称**：环境保护总投资额

- **指标解释**：企业为降低污染排放而进行的环保总投资额。
- **数据来源**：企业生产部门及环境相关部门。

2）产出类指标

- **指标名称1**：大气污染减排
- **指标解释**：企业流程（运营）中，与基准年相比，单位产值大气污染物（NO_x、SO_x、烟尘等）减排价值。
- **计算公式**：

$$单位产值减排量 = \frac{大气污染物减排量}{企业产值}$$

大气污染物减排量 = 净化前每立方污染排放量 − 净化后每立方污染排放量

单位产值减排绩效 = 本年单位产值减排量 − 上年单位产值减排量

大气污染物减排价值 = 单位产值减排绩效 × 本年度排放量 × 企业价值 × Eco cost（生态环境成本）

其中，SO_x=69.38元/kg；NO_x=34.69元/kg；PM10=60.91元/kg；PM2.5=267.15元/kg

➢ 本研究选取2018年12月31日的当日汇率（1欧元=7.8573元）进行换算。

- **数据来源**：企业生产部门及环境相关部门。
- **指标名称2**：水污染减排
- **指标解释**：企业流程（运营）中，与基准年相比，单位产值水污染物质（T-N、T-P、COD等）减排价值。
- **计算公式**：

水污染减排量 = 净化前每立方污染物排放量 − 净化后每立方污染物排放量

$$单位产值减排量 = \frac{水污染物减排量}{企业价值}$$

单位产值减排绩效 = 本年单位产值减排量 − 上年单位产值减排量

水污染物减排价值 = 单位产值减排绩效 × 本年度排放量 × 企业价值 × Eco cost

其中，T-N=13.76元/kg；T-P=100.26元/kg；COD=0.72元/kg。

- **数据来源**：企业生产部门及环境相关部门。
- **指标名称 3**：固体废物处理
- **指标解释**：本年度企业固体废物处理成果和再加工循环利用产生价值。
- **计算公式**：

本年度固体废物处理价值 = 排放量绩效 + 固体废弃物再生产品销量金额

$$排放量绩效 =（本年单位产值固体废弃物排放量 -$$
$$上年单位产值固体废弃物排放量）\times Eco\ cost$$

其中，一般废弃物 =0.67556 元 /kg；填埋废物 =0.92567 元 /kg；

废物焚烧 =4.45047 元 /kg。

- **数据来源**：企业生产部门及环境相关部门。
- **指标名称 4**：温室气体减排
- **指标解释**：企业流程（运营）中，与基准年相比，单位产值温室气体减排价值。
- **计算公式**：

CO_2 减排量 = 净化前每立方米 CO_2 排放量 - 净化后每立方米 CO_2 排放量

$$CO_2\ 单位产值减排量 = \frac{CO_2\ 减排量}{企业产值}$$

单位产值减排绩效 = 本年单位产值减排量 - 上年单位产值减排量

CO_2 减排价值 = 单位产值减排绩效 × 本年度排放量 × 企业价值 ×Eco cost

其中，CO_2=0.91 元 /kg.

- **数据来源**：企业生产部门及环境相关部门。

2. 资源节约

资源节约是指通过加强用能管理，从而提高能源利用效率，实现企业经济效益与社会效益的有机结合。其中，投入类指标是节能技术研究开发及应用，与其对应的产出类指标是清洁能源替代效果、节水效果和节约资源效果。

1）投入类指标

- **指标名称**：节能技术研究开发及应用

- **指标解释**：企业以项目投资形式开展的节能技术推广与应用。
- **计算公式**：

企业节能项目投入 = 节能技术研究开发费用 + 老旧设备科技改造投资 +
　　　　　　　　　清洁能源技术投资 + 环保技术装备投资 + 节能技术推广投入

- **数据来源**：企业生产部门及环境相关部门。

2）产出类指标

- **指标名称 1**：清洁能源替代效果
- **指标解释**：企业流程（运营）中，使用（生产）清洁能源对使用传统能源的替代成果。
- **计算公式**：

清洁能源替代效果 = 本年度清洁能源消耗量（生产量）（MJ）×
　　　　　　　　　清洁能源上网指导价（元/MJ）

- **数据来源**：企业生产部门、环境相关部门、发改委新能源标杆上网电价通知。
- **指标名称 2**：节水效果
- **指标解释**：企业流程（运营）中，生产一个单位产品水消耗量减少的成果。
- **计算公式**：

水消耗价值 =（今年处理量 − 去年处理量）× 净水价格

- **数据来源**：企业生产部门及环境相关部门。
- **指标名称 3**：节约资源效果
- **指标解释**：企业流程（运营）中，与基准年相比，生产一个单位产品的原材料消耗中，减少非再生原材料消耗效果。非再生资源指矿产品、林产品等资源。
- **计算公式**：

非再生原材料节约成效 =（基准年单位生产非再生原材料消耗量 − 本年度单位生产非再生原材料消耗量）× 本年度生产量 × 非再生原材料单位价格

$$单位生产资源消耗量 = \frac{非再生原材料消耗量}{生产量}$$

- **数据来源**：企业生产部门及环境相关部门。

3. 环境修复

环境修复的投入类指标是环境修复投入，与其对应的产出类指标是环境修复绩效。

1）投入类指标

- **指标名称**：环境修复投入
- **指标解释**：企业对环境修复工作的总支出，包括企业自发修复环境项目投资金额和企业参与环境修复项目投标的合同额。
- **计算公式**：

$$总支出 = 企业环境修复项目投入 + 企业投标环境修复项目金额$$

- **数据来源**：企业环境部门、招标采购部门。

2）产出类指标

- **指标名称**：环境修复绩效
- **指标解释**：企业采取物理、化学及生物学技术措施，将被污染的环境全部恢复到无污染或初始状态，保障环境生物多样性的成果。
- **计算公式**：

环境修复绩效 = 本年度企业修复的面积 × 每单位修复效益 + 生物多样性产出

> 该地区土地、林地、草原、水域等农用基准地的单位成本价格，具体标准参照自然资源部的基准地价标准：耕地为 2.55 万元 / 亩～2.84 万元 / 亩；园地为 1.63 万元 / 亩；林地为 0.94 万元 / 亩～1.22 万元 / 亩；草地为 0.37 万元 / 亩；坑塘水面为 1.79 万元 / 亩。

> 生物多样性：修复过程中，种树、植草、养鱼、养虾等保障生物多样性的产出。

- **数据来源**：企业环保部门、企业投资运营部门。

二、韩国 SK 双重底线体系

（一）韩国 SK 双重底线体系的特征

SK 集团是韩国的大型经营领军企业。2018 年，SK 集团启动了双重底线体系经营模式，其宗旨是同时追求经济价值和社会价值。双重底线体系经营模式是指企业本身经营活动中创造的社会价值，是比一般的社会贡献和企业社会责任更先进的理念，其内涵包括：企业经济活动创造社会价值、了解并掌握与经营业务有关的社会问题及以创造社会价值创新商业模式的经营战略。通过双重底线体系经营模式，了解并解决与经营业务相关的社会问题，可以创造更多的社会价值，并为创新商业模式提供机会。

因此，SK 集团建立了社会价值评估体系，并提出了将社会成果（效益）的评估和管理作为优先实践。由于类似财务会计管理，对于企业创造的社会价值也可以用货币单位进行评估，从而提高社会价值创造效率，创造新的商机。自 2018 年起，SK 集团着手进行集团内部社会价值评估的研究工作，创立双重底线体系，在整个公司范围内进行试点评估，并将试验性评估成果于 2019 年对外公布①。

SK 双重底线体系具有三个显著特征：

一是呈现矩阵结构。指标体系根据社会价值性质分为治理、社会、环境三个板块，根据企业经营及生产活动的范畴，划分产品服务、内部生产过程、外部价值链和社区四个产生社会效益的领域。产品的环境影响、生产工艺中的环境影响、劳动关系、共同发展、生活质量等企业社会价值方面的分类包含于矩阵结构中。

二是从利益相关者角度出发，对所产生的社会利益和费用都进行评估。企业的社会效益是指企业活动对各利益相关者产生的利益和费用，而不是从企业为社会价值投入的费用和得到的收益。SK 双重底线体系的指标定义了所要评估的利益相关者的范围和"利益及费用"概念，最终评估的不是企业的投入，而是因企业带来的利益相关者的变化，即结果。

---

① SK(株)设立了评估机构，提供在线系统服务，以便集团所属企业能够随时进行社会价值评估。通过这种措施，营造了在线系统持续评估社会成果的管理环境。

三是进行评估时，纳入环境和社会层面的产品及服务成果。企业追求社会价值不仅是表现企业的善意，更是企业可持续发展战略与企业经营的直接结合。企业可通过积极开发对地球环境有积极影响的产品和服务解决社会问题，从而在创造社会价值的同时获得经济收益。以往使用的企业社会价值评估工具往往只对企业运营政策或相对容易量化及容易确保数据的环境成果进行评估[一]。SK 双重底线体系则可更全面地评估产品及服务所创造出的社会效益及环境影响。

（二）治理

企业应全力为各利益相关者做出透明、公正、负责的决策，特别要建立健全对内对外的管理制度，提高企业的稳定性和社会责任感。

SK 双重底线体系的治理板块包含小额股东权益保护成果和会计透明度、腐败行为、违反法律秩序的其他行为等成果。

1）小额股东权益保护成果

- **指标名称**：建立积极保护小额股东权益的企业制度
- **定义**：股东作为企业的主人，其权益应得到保障，特别是对于小股东而言，这种权益保护相对脆弱，企业应建立制度，为保护小股东的权益而努力。
- **算法**：为保护小股东的权益，如引进电子投票制、小额股东 IR 等，引进关于保障小股东参与决策以及积极提供信息等制度，以及提供运营该制度需要的费用。
- **数据来源**：采用电子投票制度时将运营费用作为成果进行评估（由韩国委托结算院电子投票网站制定了少数股东表决权行使现状使用方案）。

2）会计透明度

- **指标名称**：与会计透明度有关的违法事项造成的社会成本
- **定义**：企业必须以利益相关者为对象，按照适当的会计标准执行财务报表编制

[一] 对产品服务的评估，以设定对比标准及确保数据等方面的困难为由，很多情况下都未列入检测评估的对象。在货币化评估方式上，也有很多因相似的原因被排除在评估之外。据最近一项研究结果显示，企业在以货币化为基础的社会成果评估中，对环境效益进行评估的比率为 86%，对劳动等社会效益进行评估的比率为 50%，而对产品效益进行评估的比率仅为 20%。

及结果报告等,并提供准确的财务信息。
- **算式**:会计透明度相关违法事项处罚清单的总额。
- **数据来源**:
  - 由金融监督院基于会计监理结果进行的惩罚:金融监督院发布的会计逃税。
  - 由韩国交易所实施的市场措施:韩国交易所电子公告系统—市场措施。
  - 对违反行为的处分清单等。

3)腐败行为
- **指标名称**:因与企业活动相关的管理人员和员工的违法行为造成的社会性费用
- **定义**:企业有责任对企业内部管理人员和员工的贪污、渎职、徇私舞弊等行为进行管理和监督,避免造成社会经济损失。
- **算法**:对管理人员和员工的违法行为的处罚清单的总额。
- **数据来源**:对违规内容的处分清单。

4)违反法律秩序的其他行为
- **指标名称**:因违反法律造成的各种社会费用
- **定义**:企业作为企业性质的公民有义务遵守各种法律,因此违反法律产生的经济损失被认为是社会性费用。
- **算式**:各种违反法律的事项=因违反法律而产生的罚款总额-(舞弊行为罚款额)。
- **数据来源**:对违规内容的处分清单。

(三)社会

1.产品及服务效益(成果)

产品及服务效益评估购买者和用户获得的社会利益或损失费用。关于产品及服务所产生的环境效益在环境领域中另行评估。

1)生活质量

公司生产的产品和服务对买方或用户的生活质量进行改善的成果。其中包括"消除因贫困导致的不平等""从犯罪等违法行为中进行保护或预防犯罪行为"等通过解决社会问题或创造公益性、公共性价值来提高个人生活质量的成果。但这方面不包括如个人利益增加等消费者福利。

- **消除不平等**：在缓解或消除因贫穷、性别、年龄障碍、种族等带来的差别或不平等的过程中所取得的成果。
- **从违法违规行为中进行保护**：从犯罪、暴力、不当行为、滥用药品等危险中保护消费者或者防范社会性违法违规行为的过程中所取得的成果。
- **社会制度稳定**：在维持并确保人口、安全、保健等良好的社会秩序和安宁的过程中所取得的成果。
- **增加公共利益**：通过教育、文化、共同体、市民参与等方面增加社会公共资产的成果，并且在增强文化多样性的过程中所取得的成果。

关于生活质量的成果，根据企业提供的产品和服务的内容或解决的社会问题，分别采用不同的评估方式。

- **算式**：

（相关企业产品服务的效益单位 – 标准的效益单位）× 基准价格 × 活动量 × 贡献率

> **效益单位**：表示所要评估的社会价值可量化的价值单位。例如，将"新岗位创造效益"的价值特定化，那么代表这一价值的效益单位将是"新雇佣人数"。一旦设定了评估单位，则可评估本公司的成果与标准基准状态之间的差异。评估单位不仅能确保获取自身（本公司）的值，而且能获得比较基准值。又如，"职务满意度"这一指标是可以定量导出的评估单位，但如果同一项目在相同条件下无法调查其他企业或市场平均情况，就难以进行适当而合理的评估。

> **基准价格**：指将效益单位换算成货币价值的系数。例如，将"新雇佣人数"这一效益单位的价值换算成货币价值的基准价格可以使用"相应劳动者的工资"。又如，一吨温室气体排放的基准价格可以以"因温室气体造成的社会损失成本"来计算。标准价格应根据可信赖的研究资料或市场价格调查资料设定，越是利用值得信赖的研究调查机构定期进行调查的统计数据，就越能提高评估结

果的可信度。

- ➢ **活动量**：意味着在评估期间企业执行价值活动的量。例如，"新增就业岗位"是"新增就业人数"，"温室气体减排效益"是"温室气体年总减排量"。
- ➢ **贡献率**：相关效益是与其他主体共同合作创造的，只计算企业自身所做贡献。

2）消费者保护成果（效益）

企业有责任保障消费者安全权利、知情权利、选择权利、提出意见等权利。企业应当遵守有关保护消费者的安全、质量、信息的标准。超过法律标准的效益被部分反映为社会效益（环境效益或生活质量效益），其余则反映在消费者福利中。对于产品及服务，判断是否履行有关保护消费者安全、质量、信息三个层次的责任。对因未充分履行法律或合同规定内容而发生的费用，评估为社会性费用。

- **安全**：在使用产品、服务的过程中，因事故及缺陷给消费者造成危害而发生的费用。
- **质量**：因交易观念上或当事人特约保证的产品、服务的质量、性能、形态等存在缺陷，导致使用价值或交换价值减少而给消费者造成的损失费用。
- **信息**：传递隐瞒、歪曲或不充分的信息，给消费者带来经济上和心理上的不确定性和风险造成的损失费用。
- **算式**：因未遵守关于产品和服务的安全、质量以及信息提供方面的标准而产生的社会性费用。

2. 劳动效益

企业应当努力创造就业岗位，并建立多种制度，以维持就业，提高职工素质和生活质量。制度在保障劳动者基本权利的同时，还有改善劳动环境及引导通过劳动过程创造社会效益的作用。劳动领域的效益大致可分为创造就业、公正性和多样性、劳动生活质量、安全保健管理效益。

1）创造就业岗位：增加就业

- **定义**：没有带来就业岗位增长的企业成长，与就业岗位不足、长期失业率增加等社会问题有着密切的关系。因此，有必要持续增加基于经济增长和社会价值之间平衡的中长期就业岗位。

- **算式**：

新增就业岗位效益 =（评估年度的成员数 − 上一年度的成员数）× 平均工资

- **数据来源**：
  - 近两年员工总数（评估年度与上一年度）。
  - 评估年度总体平均工资金额（按各公司平均工资计算）。

2）创造就业岗位：通过雇佣劳动弱势群体来消除贫困

- **定义**：根据韩国《社会型企业培育法》规定的领取最低生活保障金的人群、潜在贫困层、老年人（55岁以上）、残疾人、有工作空白期的女性等"劳动弱势群体"，难以进入普通劳动市场，由此导致社会经济两极分化现象日益严重。企业可以直接雇佣"劳动弱势群体"，改善其收入水平和生活条件。

- **算式**：

劳动弱势群体的劳动收入增加额（受雇劳动弱势群体的劳动收入 −

劳动弱势群体就业前收入）× 人数

- **数据来源**：
  - 劳动弱势群体的劳动收入：平均工资（未满12个月的按月计算）。
  - 劳动弱势群体就业前收入：按弱势群体类别划分的预期收入水平统计数据。
  - 劳动弱势群体的雇佣成果认定期间：自录用之时起三年。

3）公正性和多样性

- **指标名称**：通过消除雇佣、晋升方面的不平等改善人力资源管理

- **定义**：企业的录用、晋升过程应以效益（成果）为核心公正进行，但由于学历、出身地区、性别等偏见导致的不公正现象仍在蔓延，因此企业必须努力通过制度解决这一问题。

- **算式**：

女性职务晋升 = 在职女性人数 × 晋升前后收入及岗位津贴的差距

海外法人的当地人职务晋升 = 在职的当地职位人数 × 升职前后收入及岗位津贴的差距

公平雇佣制度 = 为公平雇佣的人员投入时间 × 平均时薪

- **数据来源**：
  - 在职女性（或当地人）高级职员及岗位数。
  - 相关人员晋升前后工资与津贴的差距。
  - 为公平录用而增加投入的人员。

4）成员的生活质量：通过缩短劳动时间来提高成员生活质量
- **定义**：韩国社会中，过长的劳动时间是降低劳动者健康和生活质量的社会性问题，企业可以通过制定制度将劳动时间缩短到适当的水平来解决上述问题。
- **算式**：通过劳动时间增减带来的时间价值 =（法定的每周工作时间 – 企业工作时间）× 平均工资 × 52 周 × 人数
- **数据来源**：
  - 法定标准工作时间：根据 2018 年韩国《劳动合同法》，标准工作时间为 52 小时/周。
  - 各企业的平均工作时间。
  - 各企业的平均工资。
  - 评估年度全体成员数。

5）成员的生活质量：通过改进其他人力资源管理实践来提高成员的生活质量
- **定义**：企业应当根据有关法规规定标准，保障其成员的劳动环境基本权利，并且应进一步改善其成员生活质量方面存在的不足，并为此而努力。
- **算式**：

休假成果（效益）=（成员平均休假天数 – 国内劳动者平均休假天数）× 平均工资 × 人数

社会价值相关教育及活动效益 = 相关费用总额

6）成员的生活质量：通过实施家庭成员之间亲和制度提高成员的生活质量
- **定义**：在员工工作和家庭难以兼顾的情况下，可通过企业制度上的支持，提高成员的生活质量，为解决其他社会问题做出贡献。

- **算式**：

① 育儿假 = 育儿假的月数 × 育儿假的平均工资

② 缩短工作时间

a. 带薪缩短工作 = 缩短工作时间 × 平均工资（时薪）

b. 无薪缩短工作 = 缩短工作时间 × 最低工资（时薪）

③ 其他工作、家庭两立制度的费用 = 适用该制度的替代服务价值或投入费用总额

- **数据来源**：
  - 育儿假各当事人的育儿假的假期（月数）和平均工资（月薪）。
  - 育儿休假（缩短工作）当事人个别育儿休假时间及平均工资（时薪）。
  - 其他超过法定标准的有关母婴保护制度的实施费用。

7）成员的安全与保健：通过疾病预防与保健管理保障成员健康

- **定义**：公司应当提供安全的工作环境，并提供超出法定标准的健康和保健支持，以提高其成员的生活质量。
- **算式**：预防疾病相关的支援活动费用 = 相关费用总额
- **数据来源**：项目总投入费用。具体包括以下四个方面。
  - 预防疾病的支援：健康检查、接种流感疫苗等。
  - 增进健康的活动支援：身心修炼、公司内部健身、咨询室、睡眠室、休息室、禁烟处方等。
  - 为疾病和事故提供工伤保险金以外的额外资助。
  - 集体伤害保险应纳税额。

8）成员的安全与保健：因工伤造成的成员安全事故损害

- **定义**：因工负伤造成的员工健康恶化会导致员工生活质量的恶化，企业需要提供安全的劳动环境，努力降低工伤率。
- **算式**：工伤保险金领取额 = 相关费用总额
- **数据来源**：工伤保险金。具体包括以下两个方面。
  - 因工负伤而在评估年度内员工所领取的总保险金。

- 其他与发生时间无关，在评估年度领取的全部保险金。

3. 共同发展

共同发展的效益大致分为：①因公正地履行合同，防止不公平交易等而产生的公平交易效益；②共赢、共同发展活动等给中小企业带来的共赢效益；③与社会及环境效益优秀的中小企业或者社会型企业进行交易等社会价值购买效益。从大的方面看，在发展中国家和贫困地区发生的外部价值链效益也可以视为共同发展的效益。

1）公平交易：通过缩短资金支付日数来公平履行合同的成果（效益）

- **定义**：在发包方（以下简称大企业）与承包方（以下简称合作方）的交易关系中，推迟付款日期会恶化合作方的现金流动及财务健康。大企业提前支付合同款项，可稳定合作企业的经营。
- **算式**：

通过缩短支付天数，合作公司获得利益（资金贷款利息减少）= 转包贷款支付的年总额 ×（法定的支付期限天数 - 平均支付天数）/365 天 × 普通银行的平均利率

  ➢ 由于没有对缩短付款天数的规定，因此由此而产生的贷款利息期限，最长视为 60 天，从而适用相对于 365 天的缩短天数。

- **数据来源**：
  - 基于转包法的支付期限天数：自收到标的物等之日起 60 日内（公平交易委员会）。
  - 市场平均利率：普通银行以中小企业为对象的平均贷款利率[以韩国银行、储蓄银行加权平均利率、中小企业贷款利率（新受理的金额）为准]。

2）公平交易：不公正交易给合作公司造成的损失

- **定义**：大企业在交易关系中，当由其来决定、维持或变更商品及劳务的价格、数量、质量等交易条件时，如果发生滥用市场地位的行为，可能会导致阻碍市场健康发展的负面作用，因此必须引起注意。
- **算式**：①因不公平交易导致合作公司的损失费用；②难以对①内容进行评估时，可用公平交易委员会算出的因不公平交易而产生的处理费用（征收附加税、滞

纳金、罚款等）计算。
- **数据来源**：适用对象范围包括从合作商（合作伙伴）到中小企业、所有个人和经济实体等各种类型（项目计划）指定的对象，但子公司除外。

3）合作共赢：通过金融支援为共同发展及合作共赢做出的贡献成果
- **定义**：大企业应以合作公司为对象，通过金融资金（生产及运营资金）的支持，防止出现利益倾斜现象，从而为加强合作公司的自立能力以及共同发展做出贡献。
- **算式**：通过金融资金支援合作公司获得的效益（支援合作公司的金融资金明细）包括援助总额，以及无偿或低息提供贷款获得的相对于市场平均贷款利率的利益。

① （无偿援助时）= 全部援助金额

② （无偿或低息提供贷款时）= 贷款金额 × （普通银行平均利率 − 提供利率）

➢ 提供利率是指各类型（项目计划）的利率。

- **数据来源**：
  - 普通银行的平均利率：以韩国银行、储蓄银行加权平均利率（新受理的金额）为准。
  - 中小企业贷款利率：以全国银行联合会、信用额度贷款（负利率贷款）利率（新受理的金额）为准。

➢ 以因信用等级低难以贷款的合作公司及中小企业为对象，提供贴息贷款（负利率贷款）性质的项目，适用普通银行利率中的负贷款平均利率。

4）合作共赢：通过技术支持与保护为共同发展和合作共赢做出的贡献成果
- **定义**：通过技术支持和保护，将大企业的资源和利益分成多种形式，加强合作商的技术开发力量，支持共同发展。
- **算式**：通过提供技术支持和保护使合作公司获得利益（为提供技术支持和保护进行的投入）

① 现金无偿捐助 = 援助金额（投入金额）总额

② 现货无偿贡献时 = 市场预估价格

③ 提供现金无偿、低息贷款时 = 贷款金额 × （普通银行平均利率 − 提供利率）

④ 提供现货无偿、低息租赁时 = 市场预估的租赁价格
⑤ 技术开发支持产品的采购挂钩金额 × 该行业附加值率（合作公司）

> 提供利率根据不同类型（项目）的利率计算。

- **数据来源：**
  - 适用对象范围包括合作商（合作伙伴）、中小企业、所有个人和经济实体等各种类型（项目计划）指定的对象，但子公司除外。
  - 普通银行平均利率：以韩国银行、储蓄银行加权平均利率（新受理的金额）为准。
  - 增值率：统计局（适用该合作公司行业的增值率）。

5）合作共赢：通过支援雇佣人员实现共同发展及共赢合作做出的贡献成果

- **定义**：为解决优秀人才集中于大企业而导致的中小企业人员雇佣不均衡的问题，有必要向合作公司派遣大企业训练有素的人员或者支援中小企业参与招聘会。
- **算式**：（取代指标的评估计算式）支援雇佣人员的费用 = 投入费用或市场预估价格
- **数据来源**：公平交易委员会关于大中小企业之间公平交易协议履行评价等相关标准施行令。

6）合作共赢：通过与经营相关的支持为共同发展和共赢合作做出的贡献成果

- **定义**：合作公司因企业规模较小，人力及基础设施等缺乏建设，可能会面临经营困难。因此，要共享大企业的经营观，同时通过与经营相关的各种支持，谋求与合作公司的共同发展。
- **算式**：与经营相关的支持费用 = 投入费用或市场估算价格
- **数据来源**：共同发展委员会的共同发展优秀案例。

7）社会贡献性质购买做出的成果：通过与贫困地区的公平交易，增加弱势生产者收入做出的贡献成果

- **定义**：鉴于企业活动对全球供应生态系统产生的社会和经济影响，国际社会要求企业进行有责任的交易。因此，企业必须努力进行公平交易和供应链管理，

并努力实现市场的良性循环。
- **算式**：与贫困地区的交易 = 与贫困地区的公平交易金额 × 该行业的附加值率
- **数据来源**：GNI 标准中下游及下游国家。

8）社会贡献性质购买做出的成果：通过社会贡献性质购买，增加弱势生产者组织的收入做出的贡献成果
- **定义**：社会型企业、残疾人企业等为了解决社会问题及创造社会价值承担着艰巨的任务，其经济自立较困难且可持续性也较低，因此通过设立优先购买制度等，促使企业进行社会贡献性质购买来为其自立提供支持。
- **算式**：通过社会贡献性质购买创造的附加值额 = 社会贡献性质的购买总交易额 × 该行业的增值率
- **数据来源**：
  - 社会型企业、残疾人企业等交易明细。
  - 社会型企业优先购买平台交易明细。
  - 统计厅按行业类别适用的增值率。

9）全球社会责任购买：遵守全球社会责任性质的购买
- **定义**：国际社会中的冲突矿物、战略物资、倾销交易等威胁公平交易秩序的交易，阻碍了全球供应链生态系统的发展。这就要求企业在遵守全球市场的国际法令和法规的同时，还应承担起建立公平交易秩序的国际责任。
- **算式**：

① 违反全球社会责任性质购买造成的社会损失费用

② 违反全球社会责任性质购买的交易费用 = 总交易费用额（确认违反进口限制项目的交易明细等）

- **数据来源**：违反交易相关制裁等。

10）全球社会责任购买：加强全球供应链健全性的贡献成果
- **定义**：企业在遵守全球市场的国际法令和规章制度的同时，为建立公平交易秩序，需要承担国际责任。

- **算式**：加强全球供应链健全性的活动＝引进及运营相关制度和系统的投入费用
- **数据来源**：用于开发和维护相关系统的项目费用。

11）全球社会责任购买：因工伤事故造成合作公司在物质和人员方面的损失

- **定义**：大企业有责任尽最大努力避免其合作伙伴在企业活动中发生物质或人员方面的损失。
- **算式**：

物质损失＝相关损失费用的总额

人员伤害＝合作公司劳动者领取的工伤保险金的数额

➢ 因大企业的委托、发包业务而产生的损失费用。

- **数据来源**：
- 物质损失：设备、设施等会计上的资产估算额或相关损失保险金明细。
- 人员伤害：领取工伤保险金的明细（清单）。

12）对合作公司安全、保健的相关管理：通过对合作公司安全、保健的相关管理，提供安全的劳动条件

- **定义**：企业不仅要支持其劳动者的安全、保健管理，还要支持合作公司的安全、保健管理，从而为合作公司劳动者创造安全的劳动环境做出贡献。
- **算式**：对合作公司的安全、保健管理提供支援的费用＝相关费用的总额
- **数据来源**：
  - 公平竞争联合会的遵守公平交易自律门户网站、公平交易自律遵守程序（Compliance Program，CP）。
  - 共同发展委员会、共同发展指数：对中小企业体验度调查和公平交易委员会对大企业履行业绩的评价，进行合计后公布的指数。

4. 社区效益（成果）

企业可以在所在地或者在开展经营活动的地区，通过除经济活动以外的其他活动，为社区发展做出贡献。而与之相反，还可能对该地区的安全或保健问题产生影响。社区效益是对企业的社会贡献活动、与安全有关的对社区的保护和损害以及通过纳税对

社区财政的贡献进行评估。

1）社会贡献效益
- **定义**：企业为创造利润而进行的与主营业务无关的慈善活动。
- **算式**：

估算受益者获得的社会利益的市场价值（与通过产品和服务改善生活质量的效益相同）

> 如果难以评估利益（好处），则评估公司对社会贡献项目的投入费用。

2）组织成员的志愿服务效益（成果）
- **定义**：在社区、福利设施等组织有需求的基础上，无偿、自愿地提供其成员的时间，以改善社会问题的活动。
- **算式**：

志愿服务时间的效益＝不同分类志愿服务的时间 × 不同分类的时薪

- **数据来源**：各部门志愿服务官方规定的服务活动说明和各类别的时间。

3）现金、现货捐赠效益
- **定义**：向弱势群体、非营利组织、公共机关等其社会必要性得到认可的对象，捐赠现金、实物（现货），为解决社会问题做出贡献的活动。
- **算式**：捐赠金额＝依法认定的当年捐赠金额总额
- **数据来源**：评估对象（捐赠）相关公司当年捐款总额。

4）因社区安全、保健事件而产生的社会性费用

企业的一切活动不得危害社区的安全和保健。因此，将企业活动对社区产生的安全和保健的相关危害用社会费用来进行评估。

- **定义**：企业的一切活动都具有不损害社区安全和保健的义务。
- **算式**：

企业活动中产生社区危害的实际损失费用＝企业活动中产生的对社区危害的损失赔偿总额

> 如果难以计算损失赔偿额，就以罚款额评估。

- **数据来源**：根据评估方式提出适当的依据。

5）通过缴纳地方税确保地方自治团体财政稳定的支援效益

企业缴纳的地方税占地方自治团体资金来源的很大一部分，地方自治团体以此为基础，为地区居民实施各种公共事业。此项评估的是企业通过缴纳地方税为地方自治团体稳定的财政基础做出的贡献。

- **定义**：作为企业公民，可以将企业对所在地方自治团体的财政贡献视为企业的社会责任。
- **算式**：向财政自立度低于全国平均水平的市、郡、区缴纳的地方法人税全额
- **数据来源**：地方税缴纳明细。

（四）环境

企业通过经营活动直接或间接地影响生态系统。在环境效益板块，评估企业对地球环境的正面和负面影响。环境效益涉及产品、服务及价值链的整个领域。在 SK 双重底线体系中大致分为两类：①保护不可再生资源、能源的资源消耗效益；②引发人类及生态系统损害的环境污染效益。环境效益的评估范围分为经常性生产过程和因事故造成暂时但重大环境损害，并利用实际产出量数据进行评估。

对于环境领域，由于评估方法、环境影响、评估范畴的不同，评估指标也各不相同。因此，应首先说明这些概念，并介绍详细的指标。

1. 评估方法

环境效益：①设定对比基准；②以货币价值"折算"的方式计算相对于对比基准所产生的环境影响。根据环境影响的评估单位、评估方法不同，大体上可以分为总量法和基本单位法。

（1）总量法

总量法是指直接计算评估年度发生的环境影响（如资源枯竭、环境污染）总量的方式。用绝对数值计算企业活动对环境的影响。总量法旨在将企业活动的环境负荷减少到接近原始状态的"0"。

（2）基本单位法[○]

在适用总量法时，随着产量的增加，环境影响也必然会按比例增加。因此，总量法的局限性在于无法掌握企业为改善环境影响而作出努力的效益。为了克服这一局限性，可以采用使用功能或评估每单位生产影响环境的方法，即基本单位法。基本单位法的好处在于它不会为了改善企业环境效益而限制企业的生产活动，而且在产品服务、过程、价值链领域可以连贯一致地适用相同的原则。

SK双重底线体系的基本原则是在评估环境效益时，同时采用总量法和基本单位法进行评估和管理。就总量法而言，只要对所使用的资源以及所排放的污染物的总量采用货币换算的基准值即可。因此，随后的指标评估方法将以基本单元法为中心进行说明。

2. 环境影响

（1）资源效益

资源效益是减少有限资源消耗的结果。资源效益是在减少个别资源消耗的基础上，对该减少的资源消耗量的环境价值进行评估得出的。有限资源是指非再生材料、能源和用水。

个别资源的环境价值（枯竭的环境成本）意味着在可持续性方面该资源未来的机会成本。但是，很难对该资源的未来价值进行客观评估，也很难对众多资源的个别价值进行评估。因此，作为环境价值的代替指标，使用该资源的当前市场价格。

（2）污染效益

环境污染是指由导致地球变暖的温室气体排放、大气污染、水污染等污染物排放或噪声、恶臭等引起的对自然界的影响。污染效益是通过减少对大气、水质、土壤等产生影响的环境污染物质的排放，提高环境可持续性的效益。此项效益是依据污染物减排量计算污染物产生的环境费用得出的。

对每种污染物的环境费用应以该污染物实际造成的环境影响所产生的损失费用为基础进行核算。然而，对所有的污染物各自计算损失成本在现实中非常困难。因此，

○ 基本单位=产生的环境影响/生产（或销售量）。它是指每生产（或销量）一个单位的环境影响。

SK双重底线体系引用预防费用性质的 Eco cost^㊀ 计量污染物的环境费用。该环境费用按污染物（温室气体、大气、水污染物质等）进行分类。

（3）事件、事故造成的重大环境损害

重大环境损害是由于产品低劣、工程和事业运营中因事故等疏忽导致环境严重损害的环境费用，对实际发生或正在发生的损失费用进行评估。该损害是由事件、事故等暂时造成的，并且对在上面提到的资源、污染方面都可能产生影响。评估时，应避免该指标与其他指标重复。

3. 评估范畴（效益产生的位置）

环境效益按效益评估对象分为产品、服务、过程、价值链、社区效益。

（1）产品、服务的环境效益

产品、服务的环境效益发生在消费者使用环境友好设备（例如低功耗电子产品）或企业利用废弃回收物生产产品或服务的过程中（例如生物塑料等）。

• **算式**：

∑ {（基态产品、服务（群）功能单位资源消耗量或污染物产生量 − 评估产品、服务（群）功能单位资源消耗量或污染物产生量）× 评估年度销售量（或销售功能量）} × 环境影响单位费用 × 贡献度

➢ 效益持续时间是指产品使用期限（或耐用年限）。

➢ 基准状态产品是指在市场上普及（标准）的产品、服务（群），或与同一功能上在环境影响差异方面进行比较的产品、服务（群）

（2）过程的环境效益

过程的环境效益是指为提供产品生产工序或服务的组织运营过程等企业内部发生的改善或替代效益。改善效益是指通过对现有过程的部分改善或优化，相比于以前的状态改善的环境效益（例如，通过加强对次品的验收来改善资源的使用和废弃物的排放）。替代效益是指通过采用绿色（环保）解决方案或全面改变过程来提高环境效益

㊀ 对污染物排放进行管理的有偿组织（交易市场），对该污染物排放的评估范围适用该价格机构的标准时，该价格（排污权）视为对市场的补偿，从污染物单位费用中将其扣除。

（例如，可再生发电）。替代效益应在整个过程中展现出其生态方面的优越性。

- **改善效益算式：**

（基准状态基本单位 – 评估年度基本单位）× 评估年度产量 × 环境影响单位费用 =（评估年度前三年平均基本单位 – 评估年度基本单位）× 评估年度产量 × 环境影响单位费用

- **替代效益算式：**

（基准状态基本单位 – 评估对象基本单位）× 评估年度产量 × 环境影响单位费用 =（基准状态过程基本单位 – 引进解决方案的基本单位）× 评估年度产量 × 环境影响单位费用

设置基准状态程序时适用的优先顺序如表 2-2 所示。

表 2-2 设置基准状态程序时适用的优先顺序

基准状态过程设置方法	效率性（基本单位）计算方式
一：同一产品系列，产业中市场占有率最高的解决方案（过程） 二：有代表性的特定企业的解决方案	一：每个解决方案的理论、技术数值 二：评估时点的市场平均值（统计） 三：引进时的实测值（试车值等）

（3）价值链的环境效益

价值链的环境效益是指该企业价值链创新或者在该企业价值链（Value Chain，VC）上的其他企业所产生的环境效益，此项效益在该企业的贡献明确的情况下产生。对其分类如下：

- **类型 1——创新型价值链**：在该企业的运营范围内，产生价值链创新的情况。由于是在企业的运营范围内产生的，因此具有部分过程效益的性质，但该效益是由价值链引起的，因此将其划分为价值链效益。
- **类型 2——上游式价值链**：这是以相关企业为标准，在上游（供应公司）中产生的效益。相关企业得到环保工程产品或流通的情况就是其代表性案例。但是，上游式价值链的效益仅限于供应商获得"低碳足迹"等环保认证的情况，且在能够明确证明其产品或生产过程的环保性的情况下进行评估。

- **类型3——下游式价值链**：以该企业为标准，在下游（订货公司、客户公司）中取得的效益，适用于该公司以项目及定制产品向特定的客户公司（下游企业）供货的情况。
- **类型4——废弃物回收利用型价值链**：这是在对该企业的废弃物进行再利用的过程中产生的效益。将废弃物回收利用型价值链的效益视为由该企业的贡献而产生的效益。仅在产生废弃物的企业采用特殊处理或技术使该废弃物能够以循环资源利用的情况下进行评估。
- **类型5——共同贡献型价值链**：这是相关企业通过间接投资为其他主体创造环境效益做出的贡献。在共同开发的技术中产生效益时，将产生的效益归为此类。

通过价值链和其他主体合作而形成的（间接）环境效益需要判断贡献程度，为此可以考虑利用附加值、投入费用等经济价值计算方式。但是，在通过经济价值对其贡献度做出判断之前，如果能够对效益产生的贡献者之间的直接贡献度做出判断，那么优先适用这一结果。

（4）社区的环境效益

社区的环境效益是指通过营业活动以外的与环境相关的社会责任贡献活动（例如为造成绿地公园进行捐赠）而取得的环境改善效益，或者是指因在工作场所发生的事件或事故对地区造成的环境污染损害。

4.组成环境效益的指标

反映上述环境效益的环境影响类型和评估范畴的指标，其组成如表2-3所示。

表2-3 组成环境效益的指标

范畴	代码	指标名称
产品、服务	EN1.1	产品和服务消耗资源减少产生的效益
	EN1.2	产品和服务减少污染物排放产生的效益
	EN1.3	产品和服务造成的重大环境损害（不均衡）

（续）

范畴	代码	指标名称
过程	EN2.1	过程中减少消耗资源产生的效益
	EN2.2	过程中减少污染物排放产生的效益
	EN2.3	过程中产生重大环境损害（不均衡）
价值链	EN3.1	价值链上的消耗资源减少产生的效益
	EN3.2	价值链上的污染物排放减少产生的效益
	EN3.3	发生价值链上的重大环境损害（不均衡）
社区	EN4.1	社区消耗资源减少产生的效益
	EN4.2	社区的污染物排放减少产生的效益
	EN4.3	发生社区重大环境损害（不均衡）

第三章
中韩企业社会价值指标体系的对比分析

在本章中，将从三个层面对韩国 SK 的双重底线体系和中国国有企业的社会价值指标进行比较分析。第一，指标体系层面的比较。在确认指标体系的组成及效益领域的共同点和区别之后，从指标开发的目的、方向、过程等方面来分析产生这种差异的原因。第二，评估原则层面的比较。对实际评估过程中的中韩企业社会价值指标体系的评估原理和方法论等进行比较。第三，比较两个评价体系的具体领域指标。考察各领域所涉及的具体评估指标及其算式的特点和差异。

一、指标体系比较

（一）评估与指标体系的开发目的及开发过程

2017 年，韩国 SK 集团通过修改公司章程，将"企业核心价值"中的"创造利润"更改为"创造社会价值"，并将企业的事业战略和商业模式同时向创造经济价值和社会价值的方向转变。为此，SK 集团重新制定了决策和资源分配优先级标准及企业活动的效益评估方法和标准，即开发出从企业会计角度可以评估和管理企业活动创造社会效益的体系和方法论。在此过程中，SK 对现有的可持续性、企业社会责任、企业治理结构等评估工具进行了比较和分析，使双重底线体系的社会效益评估和评估范畴与现有工具进行对接，建立了企业价值链和整体社会效益的评估体系和指标库。

在中国方面，国务院国资委为进一步促进国有企业履行社会责任、创造社会价值，重点开发了国有企业社会价值评估体系。其主要指标以共性指标为主，并以促进完善企业社会价值活动为目的。在开发指标体系时，基于对现有社会责任和社会价值的理论研究，充分考虑了中国国有企业的本质及特性。为此，对现有的企业责任及社会价值评估工具进行了分析,并依据中国国情及中国企业营商环境建立了指标体系。在开发过程中,同步征求部分国有企业意见,并进行试点测评,建立了不仅适用于国有企业,还普遍适用于民营企业、混合所有制企业、外资企业等多种类型企业的框架型指标体系。

虽然韩国和中国的指标体系的使用目的有内部管理用和外部评估用的差异,但是两者都具有普遍反映两国固有的社会问题,普遍适用于各种产业性质的企业,促进企业完善社会价值创造的共性。

(二)指标体系的组成与效益领域

韩国 SK 双重底线体系根据社会价值类型和发生位置,构建了指标体系的细节及层次。首先根据全球通用的 GRI 准则,将社会效益领域分为环境、社会和治理,然后根据企业活动中创造价值的位置,划分为产品、服务、组织和内部价值链、外部价值链以及社区。即社会效益领域与发生位置交叉,从而组成整个评估体系。

在中国的指标体系中,社会效益领域与 SK 双重底线体系相同,也分为环境、社会、治理等领域,规定了各个领域的利益相关者,并按照利益相关者组成了详细的指标体系。中国的指标体系与 SK 双重底线体系不同的特点是,同时评估投入和产出的方法,而不是只评估社会效益的结果。

两个评估体系的最大区别是划分指标领域的标准。SK 双重底线体系根据创造社会效益的位置区分具体领域,具体指标领域的名称主要反映核心活动或社会价值的具体内容。与 SK 双重底线体系不同,中国的指标体系将社会价值根据其利益相关者来划分[一]。虽然两者具有不同的划分体系和标准,但最终的实际评估指标几乎一致。

两个指标体系的另一个差异是对投入的考虑。以 SK 双重底线体系为例,主要客观地评估对外部利益相关者产生的社会价值。因此,对与创造社会价值的有关的投入方面并没有进行评估。因为如果单纯加入评估结果和投入情况,就会出现重复评估。

[一] 观察指标领域的名称(按 SK 双重底线体系—中国指标体系顺序)可以看出这种差异。例如"共同发展(活动)—事业伙伴(对象)""社会贡献(活动)—社区(对象)"等方式。要评估的指标大体一致,但也有一部分是根据活动和利害关系方的区分而改变所属领域的。

另外，企业投入可能同时创造经济价值和社会价值，难以区分为经济投入和社会投入。下一步将从管理会计的角度出发，进一步开发针对社会价值投入的评估和分析方法。

中国的指标体系是并行开发的，以便对各项指标同时进行社会价值投入和产出的管理。虽然投入的详细内容混入了资产形成及投资等经济投入的性质，但由于全面引入了通过区分投入和产出两方面来进行评估的体系，因此有一定进步性。

最后，与中国的指标体系不同，SK 双重底线体系将商业创造的社会价值和对国家经济的贡献命名为"经济间接贡献效益"，并反映了企业的雇佣、纳税、分配效益。从解决社会问题的观点看，这虽然不是社会价值，但是考虑到了对国家经济的稳定和繁荣做出贡献的企业的社会作用，通过单独的价值来评估，并将其报告为社会效益。中国的指标体系虽然不评估雇佣、纳税等在经济上的贡献效益，但在部分指标中有所反映。例如，在社会领域的政府相关指标中，逆向周期期间的雇佣及纳税效益指标以及社区相关指标中对贫困地区经济做出贡献的效益等，就属于这种情况。中韩社会价值指标体系的开发目的及体系差异如表3-1所示。

表 3-1　中韩社会价值指标体系的开发目的及体系差异

韩国	区别	中国
企业内部的效益管理	评估的主要目的	企业外部评估
社会效益领域 具体的划分标准： ESG 社会效益发生位置：产品 - 流程 - 价值链 - 社区	效益领域分类标准	社会效益领域 具体的划分标准： ESG 主要利益相关者：G- 股东 / S- 客户、员工、合伙人、政府、社区 / E - 环境
待开发（截至2021年尚未开发）	社会价值创造相关投入的评估	在各指标段中提出与产出指标相对应的投入指标
经济间接贡献效益； 通过单独的价值进行评估	国民经济贡献效益的评估	不单独评估经济贡献效益，而是在部分指标中反映出来

二、评估原则对比

对评估指标的具体算式进行了定义,并围绕进行实际评估时应遵循的原则,开展了对两国的指标体系的分析,其分析结果如下。

(一)利益相关者会计原则

所谓利益相关者会计原则,是指假设社会为利益相关者的集合,评估企业活动对利益相关者产生的社会影响。从会计方面看,通过企业活动产生的社会价值,在利益相关者的分类账户上,填入社会利益和社会性费用后进行计算。社会效益可以看作是从社会利益中减去社会成本的一种"社会附加值"。因此,社会效益中的正面效益要用"+"来评估,负面效益要用"-"来评估。评估指标可以根据正负两方面的效益分别开发,也可对比市场的比较标准,即如果超过对比标准,就用"+"进行评估;如果达不到对比标准,则用"-"进行评估。

SK双重底线体系和中国的指标体系都评估效益和费用。但是根据是否促进积极活动、是否抑制负面行为等宗旨,可以设置不同的比较基准。值得注意的是,如果是评估负面性效益的指标,作为评估当事人的企业对评估可能会持消极态度。因此,评估负面效益改善程度是较好的替代方法。中韩社会价值指标体系的社会效益指标和社会成本指标的比重如表3-2所示。

表3-2 中韩社会价值指标体系的社会效益指标和社会成本指标的比重

类型	SK双重底线体系 (包括产品、服务指标)		SK双重底线体系 (不包括产品、服务指标)		中国企业社会价值指标	
	数量	比率	数量	比率	数量	比率
效益指标	112	95%	27	82%	22	67%
费用指标	6	5%	6	18%	11	33%
合计	118	100%	33	100%	33	100%

(二)以结果为导向的评估

中韩两国的评估体系都试图评估企业活动实际创造的社会价值,即作为结果的社会效益。但是,考虑到评估实际变化所必需的定量数据的收集可能性等现实因素,很难从"结果"上对所有指标进行评估。尽管如此,为了与企业投入区分开来,有必要把指标放在能够捕捉到利益相关者生活上的变化和社会、经济资产的增减等项目上。

两种评估体系都旨在评估"结果",即评估所有效益的实际收益和成本的直接收益。在不可避免的情况下,允许采用相对价格评估(与其他解决方案的性能对比价格)或将投入值作为社会效益值来加以借用的方式。中国企业的社会价值指标体系,虽然对投入进行单独评估,但不可避免的是,在产出终端也有将投入费用使用于指标算式的情况。其现状如表3-3所示。

表3-3 中韩社会价值指标体系的结果及投入指标比重

类型	SK 双重底线体系 (包括产品、服务指标)		SK 双重底线体系 (不包括产品、服务指标)		中国企业社会价值指标	
	数量	比率	数量	比率	数量	比率
结果型	108	92%	23	70%	19	58%
借用型	10	8%	10	30%	11	33%
混合型	—	—	—	—	3	9%
合计	118	100%	33	100%	33	100%

(三)比较标准

如果用货币价值评估企业创造的社会效益,就需要能够代表所要评估的价值的"可量化值"单位,即效益单位的定义。例如,如果要确定"新工作岗位创造效益"这一价值,代表该价值的效益单位就会成为"新雇佣人数"。评估单位不仅要确保本公司的价值,还要确保比较标准的价值。例如,"岗位满意度"的指标可以以定量的价值得出,但是如果缺乏相同条件下其他企业或市场平均的岗位满意度调查值,就无法进行合理的比较。

当效益单位被定义后,就会计算其绩效与作为比较基准的基准状态之间的差异。所谓"基准状态",是指作为评估效益时的比较标准的状态。例如,在生产过程中评估"减少温室气体排放"的效益时,取决于以什么为"标准","标准"不同减少温室气体排放的效益可能会有所不同。

可以设置多种基准状态,包括以相关产业界的市场平均排放量为标准、以创新及改善之前的工程条件下的排放量为标准、以前一年的排放量为标准、以法律或制度规定的条件或规定为标准、与没有企业活动的状态相比较等,如表3-4所示。

表 3-4　基准状态的类型

基准状态的类型	说明
与市场平均水平比较	与市场平均社会价值创造水平进行对比
与改善前的状态比较	改进和创新活动前后的状态进行对比
与基准时间点比较	特定时间点与基准时间点进行对比
与法定标准比较	以法律和制度规定的限制值为标准进行对比
与零标准比较	与完全没有活动的状态进行对比

如果按照指标来设定标准状态,最重要的是合理、一贯性地做出决定,其依据和理由越明确、逻辑越合理,评估体系的可行性就越高。比起单方面统一所有指标的标准,更适于根据各指标想要掌握的效益特性选用最恰当的标准。

SK双重底线体系的原则是,在设定基准状态时,尽可能优先使用市场平均水平。因为SK集团相比于市场其他企业,引领创造社会价值的创新意愿非常强烈,并将其反映在指标上。例如,在评估产品、服务创造的社会价值时,使用第三方产品的市场平均值作为基准状态。不同领域的指标根据指标的特点分别设定不同的比较标准。例如,就业补助金,如果违反相关义务事项时,使用依照法律标准的比较标准;相反,如果与社会贡献活动、捐赠或服务等企业主业或者与法律的义务无关,且认为与其他企业对比,活动本身赋予社会价值更为妥当时,则使用零标准进行评估;在环境效益方面,企业活动对环境的影响均采用零基准方式,但是以与前一年对比评估改善度的基准时间点并行的方法来进行评估,如表3-5所示。

表 3-5 中韩企业社会价值指标体系按比较标准使用的比重

比较标准	SK 双重底线体系 （包括产品、服务指标）		SK 双重底线体系 （不包括产品、服务指标）		中国企业社会价值指标	
	数量	比率	数量	比率	数量	比率
市场平均	76	64%	3	9%	3	9%
标准时点	0	0%	0	0%	7	21%
零标准	36	31%	24	73%	15	46%
法律标准	6	5%	6	18%	8	24%
合计	118	100%	33	100%	33	100%

在中国企业社会价值指标体系中，主要以零标准和法律标准作为基准状态。另外，很多时候也考察与前一年相比的改善度。这可能是因为考虑了企业所做的改善努力以及其结果的公正性评价。

（四）对基准价格的设定

基准价格是指企业活动所带来的社会利益和费用换算成货币价值的系数，即将社会价值进行货币化的标准或依据。一旦确定了具体的效益单位，就需要以客观依据为基础制定基准价格，以便基于市场的原则合理计算货币价值。

在 SK 双重底线体系中，将依据国际机构、政府、协会等发表的数据及国家统计等具有公信力的基准价格进行评估，并且设立企业内部专项评估支持部门，以支持针对基准价格及社会效益的研究调查。由于其具备了共同适用基准价格值的统一管理及更新、适用可行性验证等支持程序，从而能够提高评估的可行性和可靠性。

中国企业社会价值指标体系也提出，根据"可收集数据原则"，并根据符合实际情况、易于理解、能够收集实际数据的标准进行数据采集。

（五）评估范围

在时间范围上，两个指标体系都以单年度效益评估为原则。在评估的公司范围内，SK 双重底线体系允许评估母公司及其子公司（包括母公司在国内外具有实质性控制权的子公司）以及其在国内外的关联公司（股权投资公司）的业绩。在中国企业社会价值指标体系中，首先关注的是中国国内，企业海外经营活动暂不在评估范围内。

（六）其他评估算式的适用原则

对于企业创造的社会效益，可以给予政府等外界的补偿。例如，对于减少温室气体排放，政府可以提供补贴；如果雇佣了弱势群体，政府可以提供就业奖励。SK双重底线体系正从效益中扣除这些外部补偿金。

另外，如果产品或服务本身能够创造出社会效益，那么在产品价格上已经反映出相应的社会价值。在SK双重底线体系中，由于难以分离产品本来价值和社会价值以及基准状态在计算上和社会价值补偿中存在相互抵消，因此，不会另行计算出价格补偿。

在中国企业社会价值指标体系中，并没有对个别产品效益进行评估，因此对该问题没有制定单独原则。

三、具体指标对比

SK双重底线体系和中国企业社会价值指标体系都将评估领域分为环境、社会、治理三个领域，然而SK双重底线体系是以结果指标为中心进行开发的。因此，在本书中仅对比各领域结果的指标结构和特点，对投入指标暂不予研究。

（一）治理

治理意味着企业建立透明、公正的决策制度，以提高企业的稳定性，尽到社会责任。在SK双重底线体系中，不仅反映了为加强治理的民主性和参与性、确保透明性做出贡献的肯定性效益（保护小股东权益及确保会计透明性等扩大利益相关者的参与），还反映了对不履行责任和义务的否定性效益（不正当行为、违反法律秩序）。但是，货币化算式还处于开发阶段，目前只对违反法律秩序的行为处以罚款等惩罚明细，以负面效益来进行评估。

在中国企业社会价值指标体系中，在评估治理绩效时，也对是否履行了全球社会责任、可持续报告编制标准，以及为建立治理基础而开展的活动进行评估。与 SK 双重底线体系区别的地方在于，对公布重大企业信息的责任履行与否，不适用以货币为单位进行评估的方式，而是根据社会责任报告书的发布与否，适用"1 或 0"的形式进行评估。并借用国资委对风险管理和法治建设（遵守法制）评估结果的定性评估方式，仅对处罚事项（金额）用"–"绩效指标进行评估。中韩指标体系中的治理领域指标的对比如表 3-6 所示。

表 3-6　中韩指标体系中的治理领域指标的对比

SK 双重底线体系	中国企业社会价值指标体系
小股东参与	重大信息公示
会计的透明性	
腐败	风险管理与法制建设
违反法律秩序	

（二）社会

SK 双重底线体系通过企业本身的经营活动，将为改善内部和外部利益相关者的生活质量以及为合作共赢做出贡献的总体效益作为社会领域的效益来进行评估，具体如下，括号内的利益相关者是中国企业社会价值指标体系中的分类名称。

- 产品、服务效益（客户利益相关者）：通过企业的产品、服务，改善个人的生活质量，并保障产品对消费者的安全、质量、信息权利的效益。
- 劳动效益（员工利益相关者）：为企业成员提供公平、高质量的就业保障和安全的劳动环境的效益。
- 共同发展（商业伙伴利益相关者）：在合作伙伴关系中，确保合同的公正性、透明性，并通过与中小企业等产业界内其他企业的共赢合作，为增进其他产业主体的能力做出贡献的效益。
- 社会贡献（社区利益相关者）：以企业所处地区为对象，通过社会贡献活动、管理人员和职员的服务、捐赠，保护社会弱势群体或增加地区收益，强化社区生态系统做出的效益。

在中国企业社会价值指标体系中，评估通过企业本来的经营活动来改善内外部利益相关者的生活质量，改善产业生态系统，支持社区活动的效益，具体如下，括号内的效益名称是SK双重底线体系的分类名称。

- 客户（产品、服务效益）：对客户的质量保障及改善。
- 员工（劳动效益）：通过就业改善生活质量，创造安全的劳动环境。
- 商业伙伴（共同发展效益）：完善产业生态系统建设的贡献（技术、资金支持），创造稳健供应链的贡献，通过履行阳光采购义务等实现共赢和促进经济发展做出贡献的效益。
- 社区（社会贡献效益）：以企业所处地区为对象，通过社会贡献活动、管理人员和职员的服务、捐赠等，保护社会弱势群体或增加地区收益，强化社区生态系统做出的效益。
- 政府（经济间接贡献效益）：将政府作为利益相关者，计算逆周期雇佣和纳税为经济复苏做出贡献的效益。

中韩指标体系中的社会领域指标的对比见表3-7。

表3-7 中韩指标体系中的社会领域指标的对比

分类	SK双重底线体系	中国企业社会价值指标体系
客户	生活质量效益	创造客户价值
	消费者保护	改善客户价值
员工	创造就业	无（部分反映在社区及政府指标上）
	多样化和包容性	就业多样性（女职员、少数民族）
	成员的劳动生活质量	工作生活质量（工资竞争力、加班费、休假制度保障）
	成员的安全保健管理	安全、健康、福利（事故及伤害）

（续）

分类	SK双重底线体系	中国企业社会价值指标体系
商业伙伴	履行合同的公正性	营造公正的市场环境
	合作共赢	创造共同利益 （建设、完善产业生态系统，支持创新创业项目，共享经营模式和标准）
	社会贡献性质的购买	公开招标采购 （供应链健全，非阳光采购）
	全球社会责任性质的采购	
	合作公司安全保健管理	无
社区	社会贡献活动 捐赠 志愿服务	通过购买消费增加贫困地区收入
		产业脱贫项目贡献
		投资开发项目的经济效益
		特色产业项目的经济效益
		引导贫困地区就业收入增加
		提高社区管理能力
政府	无 （经济间接贡献效益单独管理，雇佣、纳税、分配）	纳税责任 确保工作岗位的稳定

在社会领域，根据中国和韩国的不同国情，对社会问题的认识和解决问题的思路存在差异。如果按照各领域进行研究，可以得出如下结论。

1. 生活质量改善效益与客户效益

通过产品、服务取得的效益，同时采用对客户和用户的正面价值（社会利益）和负面价值（社会性费用）的评估。

SK双重底线体系强调，通过企业产品和服务，可以解决威胁社会成员个人生活的社会问题。在SK双重底线体系中，将通过产品和服务给客户及用户带来的积极影响定义为"生活质量"效益，将缓解或改善客户及用户所面临的社会问题的效益评估为社会效益。可以说，生活质量效益是SK双重底线体系的最大特征，也是代表追求双重底线体系经营的SK企业精神的指标领域。

通过产品和服务提高人民生活质量的社会价值是以解决社会问题为前提进行评估

的。因此，提高产品和服务的质量、改善性能、扩大功能等并不是无条件被认定为社会价值。在韩国，产品、服务的价值创造基本上属于增进经济福利的效益，大部分通过市场销售获得经济补偿。这种产品改进也是在市场经济体制下产品和服务竞争的必然结果。因此，该产品、服务不只是单纯地增进客户及用户的效用和利益，而是在解决社会结构性问题，并且增加公共利益的情况下[一]，才可以将其认定为社会价值。也就是说，产品、服务的社会效益只有在消除社会经济不平等，或者从犯罪或事故中保护人身安全，或者增进保健和福利，或者提高教育和文化水平等创造效益时，才可以视为产品、服务的社会效益。在 SK 双重底线体系中，与该产品所属的产品群市场的平均水平相比，该公司的产品在解决社会问题上做出了更大的贡献时，将超出平均水平的那一部分认定为社会效益。例如，SK 双重底线体系的代表性生活质量效益是由 SK 电讯提供的"安全驾驶习惯助手 App"服务。在现有的车辆导航服务中，增加收集并分析超速及急刹车、猛踩油门等驾驶员的驾驶习惯信息，并且提供评价分数，如果达到一定分数后，则降低驾驶员的保险费用。其通过将驾驶习惯信息与保险费用关联可视化，从而引导驾驶员安全驾驶行为，减少实际交通事故的发生，最终减少交通事故造成的人员伤亡费用，这个案例就属于产生社会效益的范畴。

产品和服务也可能对客户及用户造成社会损害。在 SK 双重底线体系中，从保证客户及用户人身安全，提供产品和服务承诺的质量出发，对交易和利用所提供的适当的知识及信息方面未能尽到产品责任，以至于给客户及用户造成损失的，估算实际损失费用后将其评估为负面效益。

在中国企业的评估体系中，与 SK 双重底线体系中的产品、服务效益类似的还有"针对客户的效益"领域。该评估领域是从产品、服务质量的角度看待客户的社会效益，将产品、服务的质量责任和质量改进视为社会效益。同时，由于中国国有企业产品质量的创造往往大幅优于市场平均水平，因此以额定供给量作为反馈进行计算。

"客户价值创造效益"是指企业在"质量和安全"方面提供的产品服务比产品标准

[一] 产品和服务在使用期间也可能创造环境价值。这些效益也是环境领域的子指标体系，用以评估产品和服务的效益。

(规格)和合同内容更好的效益。这与SK双重底线体系从"解决社会问题"的角度看待产品和服务的社会价值不同。这是因为中国企业社会价值是以利益相关者为中心进行分类的,并从利益相关者——消费者的角度考虑会带来什么样的利益。另外,"顾客价值改善效益"类似于SK双重底线体系的消费者保护效益,是对企业由于没有尽到质量责任而给顾客造成的损失费用进行评估。中韩指标体系中的产品/服务效益和顾客效益领域指标的对比见表3-8。

表3-8 中韩指标体系中的产品/服务效益和顾客效益领域指标的对比

分类	SK双重底线体系	中国企业社会价值指标体系
社会效益概念及思考(接近)方法	生活质量效益(社会利益):解决社会问题,增加公共利益 消费者责任效益(社会性费用):对产品安全、质量、信息的责任	顾客价值创造效益(社会效益):提供高于承诺质量水平的产品和服务 顾客价值改善效益(社会费用):企业承诺的质量责任
社会利益的基准状态	原则 所有执行相同功能的产品系列的平均社会效益创造水平(包括本公司的产品及其份额) 特殊适用标准: 1)对社会性效益的创造水平,如在合同上有规定时,以合同规定的水平为准 2)对经济弱势群体的折扣、免费提供,以本公司对普通客户提供的价格为准	行业的平均安全和质量水平 (未提供具体标准或适用优先次序)
社会性费用的基准状态	有关消费者保护法规规定的安全、质量、信息的产品责任 (以企业支付给客户的赔偿金或补偿金来进行评估)	企业的计划及合同水平 (以企业向顾客支付的赔偿金来进行评估)

2.共同发展与合作伙伴效益

企业的生产不仅通过自身完成,还与外部合作伙伴息息相关。在与商业伙伴,尤其是与中小企业的交易关系中,防止不公平交易,维持共赢合作关系,不仅仅是对交易各方的权益保障,也是建立健康可持续的经济和产业生态系统的前提条件。因此可以认为,与商业伙伴的合作关系,即为共同发展的实践创造了社会价值。

SK双重底线体系将共同发展相关效益划分为:作为合同履行过程中的"公平交易",以合作公司为对象的金融、技术人员、教育等支援活动的"共赢合作",积极实

第三章　中韩企业社会价值指标体系的对比分析

践对贫困地区及弱势生产者、社会型企业等社会价值创造组织的"社会贡献采购",为加强供应链健全性的"全球社会责任采购",对于合作公司的劳动者的安全及保健提供支援的"合作公司安全、保健"效益等,并对此进行评估。SK双重底线体系只对向合作公司中的符合共同发展及共赢合作宗旨的中小企业及社会经济组织等所创造的社会效益进行有限的认可。

中国的评估体系将合作伙伴效益的对象范围扩大到债权人、上游/下游合作公司、同行业竞争者及其他社会团体,并且从"营造公平的市场环境""合作共赢""阳光采购"三个层面上将商业伙伴效益进行了分类。

双方的指标体系都同样认可公平交易的效益。SK双重底线体系采用社会效益来评估比法律标准支付天数更短,以提高中小企业现金流动性的效益。在中国的指标体系中,采取的方法是用社会费用来评估因不履行合同规定而产生的损失额。

此外,有关共赢合作的指标大多评估对合作公司的金融、技术等各种支援制度运作和投资的效益。但是如果仔细分析具体的适用范围和评估方法,就会发现SK双重底线体系的情况是从大企业和中小企业之间共赢和均衡发展的观点出发的;而中国的指标体系却将该效益的性质视为对该企业所属行业的投资和贡献,即对整个产业生态系统产生的整体影响。这是因为SK双重底线体系是从目前韩国社会的"大企业与中小企业间不公平交易"的社会问题出发开发了该指标,而中国企业则把对自己所属的国家及社会、产业产生的影响视为社会价值指标。

SK双重底线体系从全球角度出发,以供应链的健全性强化效益为其指标。在韩国国内,公开招标等透明的交易惯例已经在法律和制度的基础上得到了充分的落实[1]。因此,以国际交易上的焦点[2]问题为中心提出了相关指标。在中国的指标体系中,将因不遵守公开招标采购规则而产生的社会性费用(诉讼费用及行政处分)作为其效益来进行评估。

---

[1] 如果在国内交易中违反公平交易准则,其社会损失将在治理领域的"腐败"和"违反法律秩序"指标中进行评估。
[2] 虽然没有明确的法律制裁,但国际社会通过"公约"等条款禁止的冲突矿石的交易,通过反人权生产过程的产品流通等属于这种情况。

SK双重底线体系认为对贫困地区及弱势生产者、社会型企业等社会价值创造组织的"社会贡献性质的购买"，是在与合作公司的关系中取得的效益。因此，在共同发展领域中对其效益进行评估。而中国的指标体系将此理解为从（贫困）地区的贡献层面看所取得的效益，因此在社区效益领域对其进行评估。

另外，SK双重底线体系还积极解释了双重底线体系企业的社会责任，因此不仅是对自己公司的工人，还支持对合作企业的"安全保健"效益进行评估，而中国却没有定义相关的指标。

3. 经济间接贡献与政府责任效益

SK双重底线体系将通过商业解决社会问题、增进公共利益的社会价值和为国家经济做出贡献的效益命名为"经济间接贡献效益"，并对企业的雇佣、纳税、分配效益进行评估。虽然不是从直接解决社会问题的角度考虑社会价值，但是考虑到对国家经济的稳定和繁荣做出贡献的企业的社会作用，采用与原社会价值性质不同的另一种价值来评估，并将其与社会效益一起进行报告。

在中国的指标体系中，将企业纳税、促进就业、引领经济发展和变化、克服和缓解经济风险定义为对以政府为代表的利益相关者的效益。当然，并不是把企业的所有经济活动都看作是社会价值活动。在国家经济环境困难时，为稳定就业和金融、外贸、外资、投资、储蓄等进行的企业产出效益视为社会价值，具体评估逆周期期间的纳税责任及创造就业机会的效益。SK双重底线体系是作为"经济间接贡献效益"来评估纳税、雇佣、分红全额。然而，与此不同，中国在包括社会价值范畴在内的逆向周期中，将纳税责任评估为纳税处罚金额的减少部分，并限制性地评估新增岗位的数量，这一点两者存在差异。

4. 劳动与员工责任效益

努力创造就业岗位既是企业的社会责任，也是企业所需，应以"良好的工作岗位"来保持持续雇佣状态，并为劳动者素质的提升提供各种条件。通过此举可以保障劳动者的基本权利，提高劳动者的生活质量等，引导劳动者创造出涉及劳动全局的社会效益。

第三章 中韩企业社会价值指标体系的对比分析

劳动领域的指标不可避免地要根据企业所处的经营条件或国家层面公布的劳动现状以及就业政策的脉络进行开发。在经济上已进入低增长期的韩国，高失业率及劳动两极化、消除对女性的歧视、工作和家庭对立等主题是有关劳动的主要议题。相反，对于目前呈现相对较高经济增长率的中国来说，对劳动进行适当补偿以及对劳动者的保护是一个重要的话题。

与"劳动"或"员工"有关的效益可分为四个具体领域进行评估，即"创造就业""多样性和包容性""劳动者的生活质量"和"劳动者的安全以及保健"。

SK双重底线体系根据韩国低增长、高失业率的现实，将创造新工作岗位的效益用"创造新工作岗位"来评估①。另外，在韩国，按企业全体劳动者的比例规定雇佣残疾人是义务性的，如果雇佣劳动弱势群体，政府对此给予奖金，以此积极解决劳动弱势群体的用工问题。因此，企业积极雇佣弱势群体，使其能够通过经济活动作为社会成员参与其中，被认为是企业创造的社会效益。SK双重底线体系将雇佣难以进入劳动市场的残疾人、老年人、有工作空白期的女性等雇佣劳动弱势群体②的效益评估为"创造弱势群体工作岗位"的效益。

在中国，对逆向周期期间企业维持雇佣状况并增加就业岗位的效益进行评估③。由于中国对于残疾人等群体的雇佣依照法律，或由各群团组织促进，并没有通过单独的效益来进行评估。

解除对女性、当地人（为海外法人时）、少数群体等的雇佣及维持雇佣、晋升过程中的差别待遇，也成为重要的劳动议题。SK双重底线体系积极评估改善人力资源管理政策的效益④。中国的指标体系也设立了"录用多样性"指标项目，专门针对女性及少数民族等少数群体劳动者的晋升机会进行评估。但是与SK双重底线体系对雇佣多样性和公正性进行肯定性的评估不同，中国不视女性、少数民族为弱势群体，法律规定

---

① 2018年评估体系中将新增工作岗位效益指定为指标，以新增工作岗位的工资作为效益来进行评估。2019年修订时将此项作为与经济间接贡献的"雇佣"效益一并反映在评估中。
② 对劳动弱势阶层的具体定义和认定范围依据《社会企业培育法》的规定进行评估。
③ 参考经济间接贡献和政府责任效益。
④ 2018年度评估指标对女性晋升者的年薪及职务津贴上调部分用社会效益值进行了评估，2019年开发了反映女性现实的工作条件和人生周期等因素的更加合理的评估算式。

了招聘不得具有歧视性，所以仅从揭发女性及少数民族劳动者在晋升过程中的不公平待遇和处罚带来的社会费用角度来评估该项效益。

对于劳动者的生活质量，以SK双重底线体系为例，主要注重工作与家庭相容的价值。对积极利用休假和休职、灵活的工作条件、劳动者的福利待遇等效益进行评估。中国企业更重视劳动者对工作的满意度，将保障休假制度、与同行业的工资差距和加班时提供的正当补偿等视为社会效益。

5. 社会贡献与社区效益

在SK双重底线体系中，将社会贡献定义为与企业的本源性商业活动无关的慈善活动，并将其区分为社会贡献事业、捐赠、志愿服务三种形式的活动，以此来评估效益。

中国企业评估体系中包括了对"社区"这一利益相关者的效益指标。因此，不仅包括SK双重底线体系评估的慈善社会贡献活动，而且也将通过支持对社区生产的购买和产销活动的收入增进效益纳入本领域来进行评估⊖。尤其值得关注的是，被称为"贫困县"的中国贫困地区作为中国社会重要的社会目标地区，企业对该地区的各种投资和事业，带动地区生产总值的增加以及居民收入的增加、地区税收的增加等为地方经济做出的贡献全部被视为社会价值来进行评估。

（三）环境

在环境领域，以企业活动所引起的过程以及前后价值链领域的直接或间接环境影响为基础进行评估。

SK双重底线体系为了努力降低运营上的环境影响和相关商业模式的创新，对在过程和产品、服务领域的环境效益进行了全面评估，并将其用于内部评估和对外公布。其中，对过程效益实行与评估企业的行业无关的产出作为义务化，对产品、服务效益实行基于该企业生产产品特点的效益报告自主化。在过程领域，对污染和资源消耗方

⊖ SK双重底线体系将社会性企业、残疾人企业等创造社会价值的小规模生产企业的社会性照顾购买评估为在共同发展领域的"社会贡献购买"效益。在购买贫困国家的产品时，也适用同样的计算方法，将购买额中的附加值部分以社会价值来进行评估。贫困国家是根据世界银行提供的国民人均收入水平处于中下游以及下游的国家来判断的。

面产生的环境影响（过程总量效益）⊖和每个生产单位与上一年相比的改善度（过程改善效益）分别进行效益评估，以便对过程产生的环境影响的绝对值和改善度进行全面管理。在产品、服务的使用及废弃领域，从资源消耗、污染物排放层面，对超过该产品、服务所引起的环境影响的市场平均基准的部分作为效益进行评估。通过这种方式，可以促进环保技术和产品的开发和生产。在 SK 双重底线体系体系中，将自然界设定为受到企业活动的直接影响的利益相关者，并试图测算增减利益相关者利益的活动结果。可从实际对自然界产生影响的最终排放污染物的量的计算中得到确认。

中国的指标体系与 SK 双重底线体系不同，其在企业的内部过程中，分别评估环境改善的投入和产出，将其作为企业之间评价的考核指标，主要反映了能够在企业之间共同适用具备可比性的过程效益，而对产品、服务效益等不同企业的特殊效益领域并没有反映在评估体系中。投入指标主要是以评估污染、资源、环境修复方面为改善环境而投入的经济价值（投资额等）。产出指标主要是以与该投入相关的企业行为（消除污染和非再生材料的消耗）的改善度评估和通过制度落实带来的肯定性价值的绝对值评估。该指标体系，由于其类似于传统的经济会计，因此能够确认企业的经济效益，并且通过以下三种指标的案例来掌握这一情况。

- 利用改进的净化浓度核算效益，而不是利用给自然界产生的最终的污染排放（通过成本投入改善设备性能）。
- 核算废弃物循环效益时，以废弃物加工产品销售金额作为效益核算，而不是对回收废弃物处理过程的社会费用（企业经济效益）。
- 在评估环境再生效益时，难以测算森林的社会性费用，而是以该土地不同用途的市场价格（企业的经济效益）及生物多样性评价作为基准价格来计算。

这种运用投入产出比方式评估企业利益相关效益的指标设定，具有便于运用经济会计值、能够促进投入的优点。

⊖ SK 指标体系的不同过程效益的解释：
总量效益：对自然界带来的环境影响总量（给自然资本造成的影响程度）。
改进效益：每个生产单位过去解决问题的程度或对比其造成的水平所改善的程度。
替代效益：每个生产单位在市场中解决问题的程度或对比其造成的水平带来的优势程度。

中韩指标体系中的环境领域指标的对比如表 3-9 所示。

表 3-9 中韩指标体系中的环境领域指标的对比

		SK 双重底线体系					中国的评估体系				
		过程				产品	过程				产品
		投入效益	产出效益			替代效益	投入效益	产出效益			替代效益
			总量效益	改善效益	替代效益			总量效益	改善效益	替代效益	
污染	温室气体	×	0	0	0	0	0	×	0	×	×
	大气污染	×	0	0	0	0	0	×	0	×	×
	水质污染	×	0	0	0	0	0	×	0	×	×
	废弃物	×	0	0	0	0	0	×	0	0，废弃物销售价值	×
资源	原材料	×	×	0	0	0	×	×	0	×	×
	能源	×	×	0	0	0	×	×	×	0，清洁价值	×
	用水	×	0	0	0	0	×	0	×	×	×
环境再生		×	×	×	×	0，SK林业	0	×	×	0	×

注：× 表示指标没有涉及，0 表示指标有所涉及。

1. 环境污染指标：温室气体、大气污染、水污染

环境污染指标，评估因企业的活动而产生或减少的环境影响，由温室气体、大气污染、水污染和废弃物方面的详细指标组成。

SK 双重底线体系的环境污染指标是作为企业生产过程或产品使用以及废弃阶段的

产出结果，采用计算企业对自然界排放总量的方式。在过程领域，评估总量效益和改善效益。总量效益通过在评估期间排出的污染物总量，通过不同污染物质的社会性费用，来计算企业在运营过程中所造成的环境影响的外部总费用。改进效益是在计算出单位产量的污染物质排放量比上一年增加或减少后，乘以评估年度的产量，并通过不同污染物质的社会费用，以评估年度生产规模所产生的环境效益改善货币化效益。在产品、服务领域（产品、服务使用或废弃终端），将单位产品污染物质的排放量与市场平均基准进行比较，然后适用总销售量和基准费用，将其作为效益进行评估。与产品、服务效益相同，在过程领域的替代效益，评估其对比于市场平均基准的优越程度。但由于与产品不同，其难以进行过程之间的并列比较，因此，仅适用于部分可获取数据的行业。如可再生发电过程替代效益，是通过与化石能源单位发电量的温室气体及大气污染物质排放系数的平均值，即市场平均基准与再生发电的排放系数进行比较，从而通过评估年度的电力产量乘以基准价格的方式计算。总之，在污染方面的指标中，有很多对比基准的效益，计算这种效益时，采用对自然界排出的最终"排放量"。

中国的评估体系，以环境污染指标（废弃物除外）为例，将降低个别污染的各种投入费用设定为投入指标，并将运用过程领域的减少排放浓度（净化浓度）的污染物质（温室气体、大气污染物质、水污染物质）的改善效益设定为产出指标。

对于与降低污染有关的投入费用，第一层面定义为企业为减少污染物质排放而进行的环境保护总投资金额。对此，可以考虑设置及改善本公司过程及前后价值链中的环境设备（善后处理、事前预防等）的投资额和运营费、以环保为目的的制度引进及实施费用等。

在计算产出效益时，评估其减少排放的效益。该方式的指标体系能够检测到投入及与之相关的性能和有效性，因此作为管理指标，其有用性较高。

这两个体系的环境污染指标，作为单位污染物质的社会性费用，都适用荷兰代尔夫特理工大学（Delft University of Technology）的生态排放成本（Ecocost_emissions cost, Eco-cost）。然而，自2019年以来，SK双重底线体系已对温室气体适用了单独的社会性费用值，因为温室气体是排放量规模大且对全球产生重大影响的污染物质。SK

集团考虑到价值的内部接受度和价值的解释等，采用了单独的基准费用。环境污染过程改善效益及产出指标比较如表3-10所示。

表3-10 环境污染过程改善效益及产出指标比较

评估		SK 双重底线体系	中国的评估体系
投入指标		×	O
产出指标	排放量	O	×
	净化浓度	×	O
指标算式		* 投入指标：无 * 产出指标：污染物质排放的改善成果 =（基准年度污染物质排放量基本单位 - 评估年度污染物质排放量基本单位）× 评估年度产量 × 污染量基本单位 排放量基本单位 = 污染物质排放量 / 生产量 基准年度：前一年度 总量效益 =（0- 评估年度污染物质排放量）× 污染量基本单位	* 投入指标：环保总投资金额 * 产出指标：污染物质净化的改善成果 大气污染物质排放减少价值 =（本年度单位产值排放减少量 - 前一年度单位产值排放减少量）× 排放通量（m³）× 企业产值 × Eco-cost 大气排放减少量 = 净化前的每立方米污染排放量 - 净化后的每立方米污染排放量 单位产值排放减少量 = 大气物质排放减少量 / 企业产值
产出指标		- 温室气体：PwC SCC - 其他污染物质：Delft Univ. Eco-cost	- Delft Univ. Eco-cost

注：× 表示指标没有涉及，O 表示指标有所涉及。

2. 环境污染指标：废弃物

环境污染具体指标中的废弃物，在两种体系中适用再生废弃物相关的环境影响的方式有所不同。

SK 双重底线体系认为回收废弃物对环境的影响为零。因为废弃物再利用循环资源化过程中的环保性被视为废弃物再利用企业的过程效益（按价值链的各个阶段的效益产出）。因此，在 SK 双重底线体系中，该指标是由基于不包括再利用废弃物在内的非可回收（焚烧、填埋）的废弃物排放量的效益（改善效益及总量效益）来组成的。

中国的企业社会价值指标体系，如果企业排放的废弃物能够以再生资源化来利用，那么将相关再生资源的销售价值（经济价值）视为该企业的社会价值效益。关于非可回收废弃物，与 SK 双重底线体系一样，该指标体系也对基于排放量的改善效益进行评估。

两个体系对非可回收废弃物的效益进行评估时，作为每单位污染物质的社会性费用，适用针对 Delft Univ. 的废弃物处理阶段的 Eco-cost。该基准费用是指按各种性状和处理方式（焚烧和填埋等）最终处理阶段的每个单位废弃物质量的环境影响值（欧元／公斤）。关于废弃物的指标如表 3-11 所示。

表 3-11　关于废弃物的指标

评估		SK 双重底线体系	中国评估体系
投入指标		×	0
产出指标	可回收废弃物	×，将可回收废弃物的环境影响视为 0	0
	非可回收废弃物	0	0
指标算式		* 投入指标：无 * 产出指标： 非可回收废弃物排放的改善效益 =（基准年度废弃物排放量基本单位 - 评估年度废弃物排放量基本单位）× 评估年度产量 × 废弃物处理 非可回收废弃物排放总量效益 =（0 - 评估年度废弃物排放量）× 废弃物	* 投入指标：环保总投资金额 * 产出指标：排放量效益 + 固体废弃物再生产品销售金额 排放量效益 =（本年度单位产值固体废弃物排放量 - 上一年度单位产值固体废弃物排放量）× Eco-cost
产出指标		- Delft Univ. Eco-cost：Waste treatment	- 改善效益：Delft Univ. Eco-cost：Waste treatment - 固体废弃物再生产品销售金额

注：× 表示指标没有涉及，0 表示指标有所涉及。

3. 资源消耗指标

资源消耗指标用于评估企业活动时的资源消耗及降低所带来的影响，具体由能源、水资源、原材料方面的指标组成。

SK 双重底线体系的资源消耗指标，采用了一种利用企业在过程阶段或产品使用及废弃阶段的资源消耗量来导出产出指标的方式。其中，在过程领域，不仅对相对资源消费程度的改善效益进行评估，还对资源消费产生的绝对影响值即总量效益进行评估（总量效益对评估水资源时适用）。总量效益是指通过企业在过程领域中的资源消耗量基准值（每单位不同资源的社会性费用，适用市场价）计算企业在运营过程中所造成的环境影响的社会成本。改善效益是在计算出每单位产量资源（原材料、能源、水资源）消耗量的同比增减数字后，通过评估年度的产量和基准值，从而得出在评估年度生产中的环境效益改善度。企业产品、服务（产品、服务使用或废弃终端）效益和过程替代效益，对资源（能源、水资源、原材料）的环境影响均被列入评估中，将单位产品的资源消耗量与市场平均值进行比较后，将其作为效益来进行评估。

中国评估体系的资源消耗投入指标，主要评估与节能有关的投入（技术研发费用、陈旧设备改造投资、环保能源技术投资、环保技术设备投资、节能技术推广投入等）。

产出指标是指利用企业过程领域的资源消耗量得出其效益，并根据各资源设定了不同的效益。

以能源指标为例，企业的清洁能源使用量本身就被视为具有社会价值，因此对清洁能源总使用量，适用了能源（电力）的市场价（指导价）作为其单位社会价值的值。

在水资源指标方面，对水资源总用水消费量，以用水市场价作为其单位社会价值的值，以此来计算其总量效益。在原材料指标方面，采用了基于非再生原材料消费量的改善效益来进行评估的方式。

中国评估体系的清洁能源指标与SK双重底线体系的可再生发电（能源）的替代效益相似，是针对非可再生能源的使用情况来评估可再生能源的。但是两者不同的是，SK双重底线体系不采用可再生能源本身的（购买）价值，而是当企业直接落实可再生能源发电过程时，采用将市场平均发电过程的环境影响和企业落实的相应的可再生能源发电过程的环境影响进行比较的方式，以此来进行评估。因此，对于类似的项目，中韩两国体系用其效益来评估的领域和方式上存在不同。关于过程资源的指标如表3-12所示。

表 3-12 关于过程资源的指标

评估			SK 双重底线体系	中国评估体系
能源	投入指标		×	0
能源	产出指标	清洁能源消耗	×	0
能源	产出指标	非再生能源消耗	0	×
能源	指标算式		*投入指标：无 *产出指标：能源消耗的改善效益=（基准年度能源消耗量基本单位－评估年度能源消耗量基本单位）× 评估年度产量 × 能源单位价格 消耗量基本单位=资源消费量/产量 基准年度：上一年度	*投入指标：企业节能项目投入=节能技术研发费用+陈旧设备改造投资+环保能源技术投资+环保技术设备投资+节能技术推广投入 *产出指标：环保能源替代成果=本年度环保能源消耗量（产量）(MJ) *环保能源在线指导价格（RMB/MJ）
能源	产出指标			环保能源在线指导价格（RMB/MJ）
水资源	投入指标		×	×
水资源	产出指标	水资源消耗	0	0
水资源	指标算式		*投入指标：无 *产出指标：新增用水消耗的改善效益=（基准年度用水消耗量基本单位－评估年度用水消耗量基本单位）× 评估年度产量 × 用水单位价格 ※ 消耗量基本单位=资源消耗量/产量 基准年度：上一年度 总量效益=（0－评估年度用水量）× 用水单位价格	*投入指标：无 *产出指标： 耗水价值=本年度生产（运营）过程中处理的水量 × 净水价格
水资源	产出指标		新增用水单位价格（韩元/m³ 等）	净水价格
原材料	投入指标		×	×
原材料	产出指标	非再生原材料	0	0
原材料	指标算式		*投入指标：无 *产出指标：非再生原材料消耗的改善效益=（基准年度非再生原材料消耗量基本单位－评估年度非再生原材料消耗量基本单位）× 评估年度产量 × 非再生原材料单位价格 消耗量基本单位=资源消耗量/产量 基准年度：上一年度	*投入指标：无 *产出指标：非再生原材料节约成果=（基准年度单位生产非再生原材料消耗量－本年度单位生产非再生原材料消耗量）× 本年度产量 × 非再生原材料单位价格 单位生产资源消耗量=非再生原材料消耗量/产量
原材料	产出指标		非再生原材料单位价格	非可再生原材料单位价格

注：× 表示指标没有涉及，0 表示指标有所涉及。

4. 环境再生指标

环境再生指标用来评估企业对生态系统直接修复或损毁的影响。在排放温室气体使生态界遭受干旱、洪水等灾害的情况下，将其视为这是在污染物质发生后"间接"造成的生态破坏，因此在污染指标中利用污染的量进行评估。在环境再生指标中，企业直接破坏生态系统或反过来恢复森林等对生态系统产生直接影响时，利用其具体的内容（物种数或恢复的土地面积）进行评估。

SK双重底线体系的环境共同效益体系中，没有"环境再生"这一项。为了评估共同效益项目即过程总量效益和改善效益，不仅要计算森林恢复等积极的活动，还要计算每年发生的自然破坏等负面的活动。因以下列举的复杂性，对该项指标进行了保留。

1）尚未确定过去造成的自然破坏的社会费用，用现阶段对其评估时的计算方式。例如，10年前占用一片林地建立工厂，目前没有一个计算方式能够计算出今年产生的环境再生方面的效益。

2）对被开发（毁损）前后的栖息、生物、物种等的评估，（被开发）需要按不同地区进行先行研究。

3）其他：考虑指标化方式。例如，结合稀有物种数、宽叶植物种数等定性特点和开发面积等定量特点。

由于上述原因，在共同指标体系中，没有反映环境再生方面的内容。但是在部分产品服务效益的案例中，与环境再生相关的内容中有关于森林利益的评估（防止水土流失、防止泥沙塌方等）。

中国的评估体系中，把用于自然恢复的经济价值作为投入指标，而把企业恢复的土地的经济价值及生物多样性作为产出指标。在投入指标方面，除直接投入外，参与竞标的金额也在其评估范围之内。产出指标是将由中国国内的研究机构导出的生物多样性产出价值和恢复土地的市场价值作为其效益来反映在产出指标中。

这样，通过在产出指标内以基准价格反映恢复土地的市场价格（单位成本价格），可以用产出效益来评估投入所带来的企业经济效益。这可以说是采用类似于现有经济

第三章 中韩企业社会价值指标体系的对比分析

会计方式的指标体系。关于环境再生方面的指标如表 3-13 所示。

表 3-13 关于环境再生方面的指标

评估		SK 双重底线体系		中国企业社会价值指标体系
		共同指标	SK 林业的产品、服务指标	
投入指标		×	×	0
产出指标	环境再生	×	0,造林利益	0
指标算式		未评估该项目	*投入指标：无 *产出指标：森林利益＝涵养水源＋净化水质＋防止水土流失＋防止泥石流＋净化大气 - 涵养水源＝经营森林总低流量 ×（多用途坝的年折旧费＋水库蓄水量维持费） - 净化水质＝每公顷无立木林地的浮游物质流出量 × SK 林业森林面积 ×（污泥处理费用＋凝聚剂费用＋其他净水费用） - 防止水土流失＝每公顷泥沙流失量 × SK 林业森林面积 × 混凝土防沙坝建设费 - 防止泥石流＝山地防沙修复费 × 无立木林地和立木林地的崩塌量差异 × 立木林地面积 - 净化大气＝SK 林业森林面积 × 单位面积二氧化碳吸收和氧气生产（温室气体指标）× 温室气体	* 投入指标：总支出＝企业环境再生项目投入＋企业环境再生项目投标金额 * 产出指标：评估年度中企业恢复的土地面积 × 恢复森林的单位面积效益＋生物多样性产出
产出指标			- 多功能水库的年折旧费＋水库蓄水量养护费 - 污泥处理费用＋凝聚剂费用＋其他净水费用 - 水泥防沙堤建设费 - 山地沙防恢复费 - 温室气体和氧气的市场价	以企业恢复的土地、森林、草原、水域等农用地为基准的单位成本价格 耕地 2.55 万元 / 亩～2.84 万元 / 亩； 园地 1.22 万元 / 亩； 林地 0.94 万元 / 亩～1.22 万元 / 亩； 草地 0.37 万元 / 亩； 坑塘水面 1.79 万元 / 亩； 生物多样性是指在恢复的过程中，植树种草、饲养鱼虾等

注：× 表示指标没有涉及，0 表示指标有所涉及。

第四章
中韩企业社会价值案例分析

一、中国企业创造社会价值案例分析

（一）中国华能

1. 中国华能集团有限公司

（1）公司简介

中国华能集团有限公司（以下简称中国华能）是经国务院批准成立的国有重要骨干企业。中国华能注册资本349亿元，主营业务为：电源开发、投资、建设、经营和管理，电力（热力）生产和销售，金融、煤炭、交通运输、新能源、环保相关产业及产品的开发、投资、建设、生产、销售，实业投资经营及管理。中国华能从1985年创立至今，在30多年的发展历程中，为电力工业的改革、发展和技术进步提供了丰富经验，为电力企业提高管理水平、提高经济效益发挥了示范作用，为满足经济与社会发展的用电需求、实现国有资产的保值增值做出了重大贡献。

2016年8月，中国华能在"2016中国企业500强"中排名第47位。2017年7月12日，中国华能获国资委2016年度经营业绩考核A级。2018年7月19日，《财富》世界500强排行榜发布，中国华能位列第289位。2018年11月23日，社科院发布"2018企业社会责任"排名，中国华能位列第6位。"一带一路"中国企业100强榜单中，中国华能排名第68位。中国华能在中国发电企业中率先进入世界500强，2019年排名第286位。自国资委实施业绩考核以来，中国华能14次获年度经营业绩考核A级和5次任期考核A级。2019年11月，社科院发布"2019企业社会责任"排名，中国华能位列第6位。

（2）企业社会价值测定指标体系相关数据

· 测算案例

社区捐赠赞助。2020年年初，新冠肺炎疫情暴发以来，中国华能积极履行中央企业责任使命。中国华能集团公司、基层企业以及各个海外机构积极开展捐款，尽己所能，积极发动境外机构紧急采购防疫物资运送回国，与全国人民共克时艰，助力国家打赢疫情防控阻击战。截至2020年2月28日，累计捐赠6350万元，其中现金6250万元，物资折价约100万元，如表4-1所示。

表4-1 中国华能捐赠明细列表

现金捐赠	
华能集团公司	5000万元
华能煤业公司	1000万元
华能重庆分公司	200万元
华能陕西分公司	30万元
华能河北分公司	20万元
物资捐赠	
华能驻澳大利亚代表处	1000套防护服、1900件隔离衣、237套护目镜、2400副医用一次性手套和180只P2口罩
华能驻新加坡代表处	2000套防护服、100套全封闭护目镜和40000副医用一次性手套
英国华能国际电力公司	2000只N95口罩
华能柬埔寨桑河水电公司	20000只口罩
华能巴基斯坦萨希瓦尔电站	30000只医用一次性口罩、500套防护服、30000副医用一次性手套、1000套护目镜

（3）小结

此次新冠肺炎疫情既是一次大战，也是一次大考。中国华能既是安全保电的先行者，又是抗击疫情的排头兵，充分体现了华能人的责任和担当。中国华能上下快速响应、主动出击，采取有力有序、科学周密的举措，全方位加强疫情防控，压紧压实防控责任，坚决遏制疫情蔓延。中国华能各单位众志成城、坚守岗位，在做好自身防疫工作的同时，认真履行社会责任，积极捐款捐物，全力投入保发电、保供热、保燃料供应等工作，为各地提供坚强有力的电力热力保障。

2.华能北京热电有限责任公司

（1）公司简介

华能北京热电有限责任公司（以下简称华能北京热电厂）是华能国际电力股份有限公司控股企业，成立于1999年8月，由华能华北分公司负责经营和管理。目前，总装机容量176.8万千瓦，是一座高效、安全、环保的热电联产企业，被北京市确定为首都东南热电中心。

华能北京热电厂一期工程安装四台俄供燃煤发电机组，1999年全部投产；二期工程安装"二拖一"燃气蒸汽联合循环机组，于2011年年底投产；三期工程安装一套F级"二拖一"燃气蒸汽联合循环供热机组，发电装机容量998兆瓦，最大供热能力773兆瓦，同步建设6台116兆瓦燃气热水锅炉，合计供热能力1469兆瓦。依托北京市独有的管网优势，华能北京热电厂供热能力达1920百万大卡/小时，供热面积5000余万平方米，年供热量占北京市用热量的1/3，是国内供热能力最大的热电联产企业。

（2）企业社会价值测定指标体系相关数据（见表4-2）

表4-2 指标体系测算结果

一级指标	二级指标	三级指标	投入指标名称	计算结果（百万元）	产出指标名称	计算结果（百万元）
公司治理	股东责任	风险管理	风险管控投入	6.00	风险防控绩效	—
		法治建设	法治建设投入		法治建设绩效	—
合计（公司治理）			投入指标	6.00	产出指标	—
社会	政府	逆周期调节	企业投资	52500.00	纳税责任	—
					稳定就业	—

（续）

一级指标	二级指标	三级指标	投入指标名称	计算结果（百万元）	产出指标名称	计算结果（百万元）
社会	员工	工作、生活质量	员工福利	811.54	薪酬竞争力	—
					超额工作补偿	—
					休假制度保障	18.00
	地方社区	安全健康福利	安全生产投入	103.19	事故伤害损失	—
合计（社会）			投入指标	53414.73	产出指标	18.00
环境	环境保护与开发	减少污染物排放	环境保护总投资额	805.76	减排绩效	—
合计（环境）			投入指标	805.76	产出指标	—
合计			投入指标	54226.49	产出指标	18.00

（3）小结

在本次测算中，华能北京热电厂投入 5422649 万元，产出 1800 万元。

历年来，华能北京热电厂高度重视煤机超低排放改造工作，累计环保改造投资达 10 亿元。2006 年，完成石灰石—石膏湿法脱硫改造；2007 年，在采用先进低氮燃烧技术的基础上，电厂完成尿素—SCR 脱硝改造。华能北京热电厂锅炉采用液态排渣和飞灰复燃技术，每台锅炉配双室四电场高效率静电除尘器。脱硫脱硝方面，2014 年至 2015 年，华能北京热电厂先后完成了四台燃煤锅炉改造，满负荷工况下氮氧化物、二氧化硫的排放浓度分别降至 30 毫克/立方米和 10 毫克/立方米以下，达到了北京地区燃气机组污染物排放标准。2017 年启动了燃煤机组环保设施提效改造项目，项目投资 8039 万元，设施提效改造后煤机氮氧化物、二氧化硫、粉尘等指标排放数据分别为

20毫克/立方米、5毫克/立方米和3毫克/立方米，汞及其化合物排放浓度为0.4微克/立方米，已能够达到并大幅优于北京市锅炉大气污染物排放标准（DB11/139-2015）和《关于华能燃煤机组供热供电保障应急备用运行方案的通知》（京管函〔2018〕487号）中的排放限值要求。

（二）中国华电

中国华电集团有限公司（以下简称中国华电）是2002年年底国家电力体制改革组建的国有独资发电企业，属于国务院国资委监管的特大型中央企业，主营业务为：电力生产、热力生产和供应；与电力相关的煤炭等一次能源开发以及相关专业技术服务。近年来，中国华电深入贯彻落实党中央、国务院各项决策部署和国家能源战略，加快结构调整，着力提质增效，深化改革创新，加强党的建设，综合实力不断增强，行业地位明显提升，2019年在世界500强中排名第386位。

1. 华电能源股份有限公司

（1）公司简介

华电能源股份有限公司成立于1993年2月，是黑龙江省政府和原电力工业部首批股份制试点企业。公司主要业务是建设、运营发电厂，电厂维护及检修，工程承包，供热，开发、建设及经营煤矿，以及生产电力仪器、仪表。

1996年4月和7月，华电能源股份有限公司发行的1亿股B股和4000万股A股在上海证券交易所上市。1997年6月，增发8000万股B股。2000年7月，采取吸收合并的方式定向增发6808万股A股。2000年12月，增发4500万股A股。2003年6月，发行800万张可转债。2009年12月，非公开发行59760万股A股。目前，公司总股本约为19.7亿股，其中中国华电持股比例为44.80%，其他A股股东持股比例为33.23%，B股股东持股比例为21.97%。

截至2018年年底，华电能源股份有限公司可控发电装机容量670万千瓦，总供热面积1.14亿平方米，是黑龙江省最大的发电供热企业。

（2）企业社会价值测定指标体系相关数据（见表4-3）

表 4-3 指标体系测算结果

一级指标	二级指标	三级指标	投入指标名称	计算结果（百万元）	产出指标名称	计算结果（百万元）
公司治理	股东责任	重大信息公开	社会责任管理	1.00	—	—
		风险管理	风险管控投入	—	风险防控绩效	—
		法治建设	法治建设投入	—	法治建设绩效	1.00
合计（公司治理）			投入指标	1.00	产出指标	1.00
社会	客户服务	客户服务质量	服务保障投入	—	服务价值改善	—
					服务价值创造	116.60
	政府	逆周期调节	企业投资	—	纳税责任	—
					稳定就业	—
合计（社会）			投入指标	—	产出指标	116.60
环境	环境保护与开发	减少污染物排放	环境保护总投资额	—	减排绩效	—
		资源节约	节能技术研究开发及应用	—	节能增效	—
		环境修复	环境修复投入	—	环境修复绩效	—
合计（环境）			投入指标	—	产出指标	—
合计			投入指标	1.00	产出指标	117.60

（3）小结

在本次测算中，华电能源股份有限公司投入100万元，产出11760万元。

在公司治理方面，公司始终高度重视规范运作，严格按照《公司法》等有关规定逐步健全、完善公司治理结构。2018年披露临时公告33个，期间没有发生差错，也没有被监管部门质疑或谴责的情形；公司高度重视法治建设，2018年度发生法律教育及服务费用100万元。在经济效益方面，公司的供热面积、供热量创历史新高，发电量创近 5 年新高，综合供电煤耗创历史新低；同时，以国家能源政策规划为导向，积极推进转型发展。在安全绩效方面，公司深入贯彻国家和集团公司关于安全生产工作的各项部署，全面开展本质安全型企业建设，较好地完成了年度安全生产目标。在环保节能绩效方面，2018 年，公司以指标管理为重点，以对标管理为手段，深度挖潜、持续优化能耗指标；认真落实国家节能减排新政策，合理安排燃煤机组环保技改计划，投入资金约 7 亿元，对 200 兆瓦以下燃煤机组全部实施超低排放改造，在运燃煤机组全部实现超低排放目标，进一步提升公司大气污染物减排能力。在社会绩效方面，公司坚持"人才是第一资源"的理念，推进"职位序列建设""大定员"及"全员业绩考核"试点工作，实现了人力资源管理工作的整体提升；注重维护职工合法权益，保障职工的民主权利，进一步健全完善员工薪酬分配体系；依法建立社会保障制度，及时足额缴纳应由企业承担的各项社会保险费用。公司坚持可持续发展，主动承担社会责任，贯彻落实党中央、国务院关于扶贫工作部署，履行央企上市公司社会责任，结合自身实际，以帮扶教育脱贫方式进行精准扶贫。

2.华电内蒙古能源有限公司

（1）公司简介

2003 年 4 月 1 日，华电内蒙古能源有限公司正式成立。历经从零起步的开拓与奋斗，经过多年的沉淀、积累、创新、升级，始终秉持"创行进取，精益求精"的"创行者"精神，公司发展成为以火电为主，涵盖风电、光电、供热、煤炭等多个业务领域的区域性综合能源供应商。2017 年 7 月，华电内蒙古能源有限公司落实集团公司深化区域公司"做实"的要求，将 4 家新能源企业纳入集中管控后，目前，公司总装机容量达到 808.43 万千瓦，包括煤电 486 万千瓦、风电 286.53 万千瓦、光伏 35.9 万千瓦，新能源装机占比近 40%，煤炭产能 240 万吨，供热面积 2900 多万平方米。项目遍布在内蒙古自治区由东到西 2500 多公里的横贯线上，成为蒙西电网第二大发电企业。

（2）企业社会价值测定指标体系相关数据（见表 4-4）

表 4-4 指标体系测算结果

一级指标	二级指标	三级指标	投入指标名称	计算结果（百万元）	产出指标名称	计算结果（百万元）
公司治理	股东责任	重大信息公开	社会责任管理	—	—	—
		风险管理	风险管控投入	—	风险防控绩效	—
		法治建设	法治建设投入	—	法治建设绩效	—
合计（公司治理）			投入指标	—	产出指标	—
社会	客户服务	客户服务质量	服务保障投入	—	服务价值改善	0
				—	服务价值创造	—
	公平市场环境		诚实守信	—	公平交易	—
			应付账款	—	债务逾期	—
	商业伙伴	合作共赢	协作共生	—	产业生态圈	—
				—	协同创新	—
				—	稳健供应链	—
				—	管理模式/标准分享	—
		阳光采购	阳光采购	—	采购舞弊	—
	政府	逆周期调节	企业投资	—	纳税责任	0
				—	稳定就业	235.56

（续）

一级指标	二级指标	三级指标	投入指标名称	计算结果（百万元）	产出指标名称	计算结果（百万元）
社会	员工	用工多样性	女员工培训投入	—	公平待遇	—
			少数民族员工就业	—		
		工作、生活质量	员工福利	—	薪酬竞争力	—
				—	超额工作补偿	0
				—	休假制度保障	0
		安全健康福利	安全生产投入	—	事故伤害损失	0
	地方社区	地方社区投入	社区捐赠赞助	—	社区治理能力提升	—
		消费扶贫	购买贫困地区商品	—	贫困人口收入增长	0.34
		产业扶贫	产业扶贫的投入	—	产业扶贫项目综合贡献	1.03
			投资开发扶贫	—	投资开发项目经济效益	0
			特产产业扶贫	—	特色产业项目经济效益	0.45
		就业培训扶贫	人员培训投入	—	带动就业收入改善	0.07
合计（社会）			投入指标	—	产出指标	237.45

（续）

一级指标	二级指标	三级指标	投入指标名称	计算结果（百万元）	产出指标名称	计算结果（百万元）
环境	环境保护与开发	减少污染物排放	环境保护总投资额	—	减排绩效	—
		资源节约	节能技术研究开发及应用	—	节能增效	—
		环境修复	环境修复投入	—	环境修复绩效	—
合计（环境）			投入指标	—	产出指标	—
合计			投入指标	—	产出指标	237.45

（3）小结

在本次测算中，华电内蒙古能源有限公司产出 23745 万元。

华电内蒙古能源有限公司坚持党的领导、加强党的建设，把方向、管大局、保落实，履行从严治党责任；充分履行社会责任，突出保发电、保供热、保民生，全面强化落实安全责任制，完善安全制度和规范体系，加强安全环保各项基础工作，持续推进本质安全型企业建设，勇担责任、服务大局，树立良好形象；顺应改革潮流和产业规律，破解发展难题，消除管理短板，持续创新、深化改革，释放企业动力。

（三）中国移动

中国移动通信集团有限公司

（1）公司简介

中国移动通信集团有限公司（以下简称中国移动）是按照国家电信体制改革的总体部署，于 2000 年组建成立的中央企业。2008 年 5 月，中国铁通集团有限公司整体并入中国移动。2017 年 12 月，中国移动进行公司制改制，企业类型由全民所有制企业变更为国有独资公司，并更名为中国移动通信集团有限公司。

中国移动目前是全球网络和客户规模最大、盈利能力领先、市值排名位居前列的世界级电信运营商，注册资本3000亿元，资产规模达1.74万亿元，员工总数近50万人。中国移动连续19年入选《财富》世界500强企业，2019年列第56位；连续15年在国资委经营业绩考核中获A级；位列中国企业评价协会"2019中国企业社会责任500优"榜单第4名，荣获"中国企业社会责任十大样板企业"称号；荣获中央广播电视总台"2019中国品牌强国盛典十大年度榜样品牌"。

中国移动全资拥有中国移动（香港）集团有限公司，由其控股的中国移动有限公司在国内31个省（自治区、直辖市）和香港设立全资子公司，主要经营移动语音、数据、宽带、IP电话和多媒体业务，并具有计算机互联网国际联网单位经营权和国际出入口经营权。

（2）企业社会价值测定指标体系相关数据

- 测算案例

在社会责任管理方面，中国移动从成立之初就将履行社会责任作为企业战略不可分割的组成部分，"以优质连接助力经济社会可持续发展、全方位创造综合价值"一直是中国移动战略发展和履行央企责任的主线。自2007年发布首份中国信息通信行业社会责任报告以来，迄今已连续14年编制发布可持续发展报告；连续12年开展企业社会责任优秀实践评选等工作，累计收到实践成果逾820项，其中184项成果获得表彰，有效激励各级单位社会责任实践创新活动蓬勃开展。公司从2006年开始提出了"以天下之至诚而尽己之性、尽人之性、尽物之性"的企业责任观，实施战略性企业社会责任管理，于2008年年初在集团层面设立了由公司董事长任主任的企业社会责任指导委员会（现更名为可持续发展指导委员会），确立了覆盖全集团的企业社会责任管理体系，构建了包括策略管理、执行管理、绩效管理、沟通管理四大模块的闭环流程，年度常规推进十项社会责任管理"规定动作"。

在客户服务方面，信息通信网络及服务已经与道路、供水、供电等公共基础设施一样，成为社会运行、经济发展和人们日常生活中不可或缺的一部分。信息通信基础设施的连接规模和质量，将显著影响人们的生活质量和社会生产效率。作为连接服务提供者,中国移动坚持"客户为根、服务为本"的理念,将提供广泛、优质、可靠的连接作为自身对于可持续发展目标的第一责任。截至2019年年底,公司服务移动客户达9.50亿户,服务家庭宽带客户达1.72亿户,服务政企客户达1028万家,服务物联网客户数达8.84亿。

此外,中国移动不断完善"责任落实、资源清晰、风险可控、响应及时"的重大活动网络保障体系,进一步强化"集团—省公司"两级联动、跨部门与跨专业协作开展的重大活动保障常态化工作机制,全面提升应急保障能力。2019年全年开展应急通信保障次数6800次,出动应急通信车7931辆次,投入应急通信设备27755套次,应急通信保障动用人员259807人次,实现了"零重大网络故障、零重大网络安全事件、零重要客户投诉"的服务目标。

案例1:庆祝中华人民共和国成立70周年系列活动通信保障

2019年10月1日,中华人民共和国迎来70岁生日。为做好庆祝活动的通信保障工作,中国移动从2019年年初就投入到国庆网络保障规划与建设工作中。中国移动扩容了近600个基站、100个传输节点,以及内容网、互联网电视系统,并新建43个基站,在重点保障地区分别采取"一地点一预案"和"一站点一预案"的措施,确保天安门地区的网络畅通;在天安门核心观礼区,增加了5辆应急车以及灯光架基站、应急小站等临时基站,网络容量提升至3.5倍,在全球首次实现2G/4G/5G全频段、全制式开放区域最高单位密度网络容量保障。而各项首创、独创技术,也将网络能力提升至最大,为国庆当天在天安门广场观礼的移动用户提供了可靠的网络服务。保障期间,中国移动出动了近2000人的保障团队24小时值班值守,高水平、高质量地完成了各项保障任务。

案例2:新冠肺炎疫情期间全程守护,提供不断线客户服务

面对新冠肺炎疫情,中国移动第一时间启动客户服务保障预案,为参与疫情防控的医护人员提供通信费减免服务,已减免3万余名医护人员通信费用;为疫情防控指挥调度领导小组、一线医护人员、重要疫区及隔离区的客户提供免停机服务。公司还提供漫游地查询服务，可让客户自证过往行程，协助用工单位、社区进行流动人员的行程查验。截至2020年3月5日，"漫游地查询"服务全国累计查询人数超1亿户，查询次数超1.65亿次。

中国移动推出"和易报""疫统计"等智慧化在线数据收集工具，满足政府部门、企业、学校、医疗机构、社区人员等各单位的人员信息收集、统计、分析等疫情防控需求。累计通过"和易报"收集疫情信息近1000万人次，覆盖31个省份239个地市。中国移动还借助智能语音机器人开展疫情智能排查外呼，助力政府部门高效无接触地进行疫情信息通知和排查工作。

在商业伙伴成长方面，中国移动秉承与商业伙伴合作共赢的理念，积极打造公开公正、阳光诚信的价值链，参与国际可持续发展倡议和行动，与国际电信运营商及产业相关方合作，共同创新推动产业生态健康可持续发展。中国移动通过明确供应商合作要求，完善考核与评估流程，逐步提升责任采购管理能力，中国移动一级集采中确立合作关系的供应商接受核查的比例为100%；中国移动持续完善合规管理机制，不断强化产品责任，引导供应链加强可持续发展管理，推动企业自身及行业健康发展。

案例1：中国移动广东公司供应链金融平台项目

中小企业占我国企业总数的99%，创造了60%以上的GDP。然而，因资信不足、融资困难等原因，普遍存在现金流紧张、生产资金不足的问题，如表4-5所示。

表4-5 广东移动供应商的资金问题

广东移动供应商的类型	合同（含订单）金额	垫付资金	资金压力
主设备	约50亿元/年	备货垫款	备货时资金压力较大
货物类	约116亿元/年	备货垫款	备货时资金压力较大
服务类	约209亿元/年	人工成本垫款	资金压力相对小，但社会影响大

为此,国家推进"互联网+金融",鼓励中小企业进行应收账款质押融资。联合国可持续发展目标也提倡基于共同原则、价值观和愿景的基础上,发展包容性伙伴关系。基于上述背景,中国移动广东公司打造供应链金融平台项目,为近5000家中小企业提供供应链金融服务,为中小企业减负,支持供给侧改革。

基于该平台,中国移动向银行提供合同交易等数据作为征信支撑,供应商基于应收账款从合作银行处获取融资贷款(平台融资年化利率为6%~8%,而中小企业社会融资成本一般为12%~24%)。融资期间,中国移动广东公司减免1%的供应链金融平台服务费用,降低供应商融资成本,支持中小企业发展,如图4-1所示。

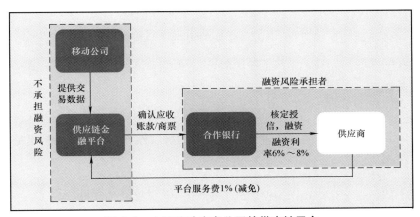

图4-1 中国移动广东公司的供应链平台

通过中国移动广东公司供应链金融平台,已累计有46家供应商获得融资,低利率融资订单金额达48.14亿元。按照平台6%年化利率、社会融资12%年化利率计算,供应链金融平台已累计为企业减负:

$$48.14 \times (12\% - 6\%) \approx 2.89 亿元$$

供应链金融平台项目为供应商提供了简便、快捷的融资渠道,化解了融资困境;为中国移动缩短供货、施工周期,降低了整体采购成本和合同执行风险;为银行获取了优质客户资源及几乎零风险的贷款项目;成功实现了供应商、银行、中国移动的三方共赢。

案例 2：暖春行动，助力合作伙伴共克时艰

中国移动面向受新冠肺炎疫情影响的 50 万家渠道合作伙伴推出"暖春行动"，实施四大"送暖"，帮助渠道合作伙伴复工复产，降低停业损失。

一是"专项扶持送暖"。开放终端营销资源和能力，协同终端厂家、渠道合作伙伴开展终端促销，加强 5G 终端销售力度；对因为疫情无法完成办理的业务提供预约酬金；对信用度高的渠道合作伙伴缩短酬金发放周期。

二是"渠道保障送暖"。扩大渠道合作伙伴业务授权范围，为其提供防护物资、防疫知识及业务知识的远程培训，优化简化业务办理流程和环节，减少与客户的交互时长及频次。

三是"创新赋能送暖"。为渠道合作伙伴提供"手机营业厅 App、云店、码店、小程序"等互联网经营工具，以及"便民助手""平安社区"等便捷工具，提高疫情期间的渠道服务能力。

四是"资金减免送暖"。对租赁中国移动房产的渠道合作伙伴适当减免房租，优化渠道业务考核标准，协调终端产业链提供融资服务、账期服务等，缓解渠道合作伙伴的资金周转压力。

在用工性别平等方面，性别平等是联合国 2030 可持续发展目标之一，全球契约十项原则也提出"杜绝任何在用工与职业方面的歧视行为"。中国移动为员工提供平等的就业、培训等机会，打造平等的工作环境，截至 2019 年年底，全体员工中女性员工比例占 53.94%。公司加强女性员工"四期"权益保护，深入推进"巾帼维权"行动，提升女员工依法维权的能力；认真履行集体合同、女职工专项合同，确保劳动合同和劳动保护法律法规落到实处；关爱女性员工需求，2019 年总部女性员工产后返工比例为 100%。

在扶贫与公益方面，信息通信技术在帮助弥合发展鸿沟、均衡教育与医疗资源、汇聚社会公益力量、减少和消除贫困等方面具有独特的优势。中国移动克服困难，在边远贫困地区建设可与发达地区比肩的 4G 网络，全力落实电信普遍服务工程，为当地经济发展和社区成长打通"血脉"；践行"造血"扶贫理念，投入扶贫专项资金与人力，为对口支援和定点扶贫地区开展产业帮扶、教育培训、医疗卫生等多个扶贫项目，切实帮助贫困人群增产增收、改善生活条件。同时，中国移动立足业务特长，聚焦解决公益援助的"最后一公里"难题，以自身公益资源和特色平台，帮助连接困难群体与社会公益力量，提升公益援助的有效性。

案例 1：中国移动扶贫工作

扶贫是二级指标"地方社区"的重点领域，中国移动积极落实上级部委相关部署要求，围绕"网络+扶贫"框架，多方面体系化推进扶贫工作并取得积极进展。中国移动持续推进贫困地区通信基础设施建设，累计实现了 12.7 万个乡村通电话、7.2 万个乡村有线宽带覆盖，建档立卡贫困村宽带覆盖率达 96%；大力开展贫困地区 4G 和有线宽带网络建设，全国行政村 4G 网络覆盖率达到 98%；通过第四批"电信普遍服务工程"实现 4564 个行政村 4G 网络覆盖；为建档立卡户推出的"扶贫套餐"惠及 995 万客户；向疏勒、白沙等县贫困群众捐赠自有品牌手机，并联合中国互联网发展基金会连续两年实施藏汉双语手机捐赠项目，惠及 3.5 万藏族贫困群众。

中国移动将资金向深度贫困地区和"两不愁三保障"问题突出地区倾斜，2019 年全年无偿捐赠各类扶贫资金 2.9 亿元，捐赠各类物资折合约 5500 万元；新增出资 11 亿元、累计出资 16 亿元，参与中央企业贫困地区产业投资基金。

黑龙江桦南县、汤原县，新疆阿克陶县、疏勒县、洛浦县，海南白沙县 6 县是中国移动定点扶贫县（简称定点六县），其中新疆、海南的四县属于深度贫困地区。2019 年，中国移动向定点六县投入帮扶资金 1.8 亿元，引入帮扶资金 1373 万元，培训干部群众 6712 人，购买和帮助销售贫困地区农产品超过 1 亿元，超额完成定点扶贫责任书全部指标。桦南县、汤原县已于 2019 年 5 月正式脱贫摘帽，定点六县建档立卡贫困人口全年减少 7.8 万人。

案例 2：爱"心"行动——贫困先心病儿童救助计划

中国移动自 2011 年起持续开展爱"心"行动项目，通过搭载"移动医疗"系统的流动筛查车，攻克了传统救助项目"最后一公里"难题，将筛查送到边远地区和贫困家庭身边，为孩子们进行先心病的免费筛查，并对确诊的患儿提供免费手术救治。截至 2019 年年底，项目已覆盖内蒙古、辽宁、河南、山西、青海、广西、宁夏、河北、贵州和云南 10 个省及自治区，累计捐赠 1.786 亿元，为 54968 名贫困儿童提供免费先心病筛查，为确诊的 5973 名贫困患儿提供了免费手术救治。

案例 3：中国移动针对新冠肺炎疫情的捐赠情况

新冠肺炎疫情发生以来，中国移动在全力保障疫情防控工作通信信息服务畅通的基础上，通过国务院国资委专用账户向湖北省慈善总会捐赠 5000 万元现金用于疫情防控。另外，投入近 6000 余万元资金用于火神山、雷神山的 2G/4G/5G 网络覆盖建设，向武汉等重点区域定点医院、重要疫情防控项目免费提供 9000 台对讲机。

在节能减排管理方面，中国移动制定了以节能减排为核心的气候战略，自 2007 年以来持续实施"绿色行动计划"，努力提升环境管理能力、推进绿色发展方式，助力打好污染防治攻坚战。2019 年，成立了中国移动污染防治及能源节约工作领导小组，保障相关工作扎实推进，实现单位信息流量综合能耗较上年下降 43%，全年节电 22.1 亿度，相当于减少温室气体排放 141.5 万吨，获评"全球环境信息研究中心"全球应对气候变化领导力级别企业和中国内地最高评级企业。

2019 年，中国移动开展了超过 1000 个现有通信机房 / 数据中心的节能与绿色化改造工程，包括机房空调系统及气流组织优化、自然冷源应用改造、开关电源休眠功能启用或高效开关电源改造等方面。在再生能源的使用上，中国移动在自然资源丰富而传统电力保障不足的地区鼓励推广太阳能、风能、水能、氢能等新能源。江西公司新余分公司充分利用公司楼顶空闲屋面资源，建设了 105kWp 分布式太阳能发电系统，2019 年实现太阳能发电 8.2 万度。在 5G 基站建设上，中国移动提前研究 5G 网络能耗，在建网初期启动节能分级企业标准的更新。在江苏，中国移动创新使用了液冷技术，使用该技术的基站电能使用效率值（PUE）可低至 1.1 左右，相比传统基站，节能率达 35%。

案例 1：建设绿色数据中心

位于安徽的中国移动淮南数据中心是华东地区单点规模最大的数据中心，是地区能耗大户。中国移动积极开展绿色数据中心的自主创新和研发工作，于秋冬季节使用大气自然冷源代替电制冷，午间时段错峰释冷，全年节电超过 1200 万度；对水冷空调循环水质进行在线监测、软化和自动处理，提升系统换热效率，全年降低耗电 190 万度，减少 20000 立方米污水排放。

案例 2：光猫回收再利用，循环经济促发展

光猫是一种光纤传输设备，属于光纤宽带业务中的低值易耗品，但使用量较大，退网的光猫通常被当作废品处理，造成了资源浪费。中国移动湖北公司启动"光猫回收翻新再利用"项目，成立专职光猫利旧翻新机构，制定回收扫码登记、分拣检测、清洁、维修、翻新、贴标包装等回收翻新流程的操作手册，确保翻新过程规范。同时，制定了质量检测标准，确保每台经过翻新的光猫产品都能工作正常。截至 2019 年年底，湖北公司已交付翻新光猫 38.76 万台、机顶盒设备 18 万台，累计节省光猫和相关耗材采购资金 6216 万元。

（3）小结

中国移动始终不忘"创无限通信世界，做信息社会栋梁"的企业使命和初心，坚持以人民为中心的发展思想，全方位推动公司战略与可持续发展的紧密融合，立足自身业务与资源禀赋，不断创造满足人民群众数字化美好生活需要的社会价值。

当前，以 5G 为代表的新一代信息技术正加速引发系统性、革命性、群体性的技术突破和产业变革。在为经济发展注入新活力的同时，5G 也为中国移动履行社会责任、创造社会价值开启了广阔空间，为帮助人类共同应对可持续发展挑战提供了更多解决思路与方案。中国移动将努力发挥 5G 网络建设主导者、5G 融入百业推动者、5G 服务大众先行者的作用，以创世界一流企业为目标和方向，努力成为网络强国、数字中国、智能社会建设的主力军，以实际行动为实现联合国可持续发展目标做出积极贡献。

（四）东风汽车

东风汽车集团有限公司

（1）公司简介

东风汽车集团有限公司是由国家单独出资、依法设立的有限责任公司，由国务院国资委作为履行出资人义务的机构，根据法律、行政法规以及国务院的授权，代表国务院对公司依法履行出资人职责。2017 年 11 月 4 日，国家工商行政管理总局公告，原东风汽车公司名称变更为东风汽车集团有限公司（以下简称东风汽车）。2017 年 11 月 14 日，原东风汽车公司完成工商变更登记。东风汽车集团有限公司在 2018 年《财富》世界 500 强排行榜中位居第 65 名；在 2019 中国制造业企业 500 强排名中位居第 4 名；在 2019 年 10 月 16 日中国机械 500 强企业名单中位居第 2 名；在"一带一路"中国企业 100 强榜单排名中位居第 33 名。

（2）企业社会价值测定指标体系相关数据（见表 4-6）

表 4-6 指标体系测算结果

一级指标	二级指标	三级指标	投入指标名称	计算结果（百万元）	产出指标名称	计算结果（百万元）
公司治理	股东责任	重大信息公开	社会责任管理	1.00	—	—
		风险管理	风险管控投入	560.64	风险防控绩效	—
		法治建设	法治建设投入	1319.93	法治建设绩效	0
合计（公司治理）			投入指标	1881.57	产出指标	0
社会	客户服务	客户服务质量	服务保障投入	12336.00	服务价值改善	7.02
					服务价值创造	605181.00
	商业伙伴	公平市场环境	诚实守信	—	公平交易	—
			应付账款	—	债务逾期	—

（续）

一级指标	二级指标	三级指标	投入指标名称	计算结果（百万元）	产出指标名称	计算结果（百万元）
社会	商业伙伴	合作共赢	协作共生	—	产业生态圈	—
				—	协同创新	—
				—	稳健供应链	—
				—	管理模式/标准分享	—
		阳光采购	阳光采购	—	采购舞弊	—
	政府	逆周期调节	企业投资	9850.00	纳税责任	0
					稳定就业	0
	员工	用工多样性	女员工培训投入	26.19	公平待遇	0
			少数民族员工就业	2.71		0
		工作、生活质量	员工福利	851.33	薪酬竞争力	644.732
					超额工作补偿	0
					休假制度保障	518.64
		安全健康福利	安全生产投入	701.95	事故伤害损失	—
	地方社区	地方社区投入	社区捐赠赞助	68.46	社区治理能力提升	73.48
		消费扶贫	购买贫困地区商品	4.68	贫困人口收入增长	4.68

（续）

一级指标	二级指标	三级指标	投入指标名称	计算结果（百万元）	产出指标名称	计算结果（百万元）
社会	地方社区	产业扶贫	产业扶贫的投入	25.41	产业扶贫项目综合贡献	43940.26
			投资开发扶贫	55.27	投资开发项目经济效益	618.78
			特产产业扶贫	3.35	特色产业项目经济效益	—
		就业培训扶贫	人员培训投入	1.10	带动就业收入改善	1.40
合计（社会）			投入指标	23926.45	产出指标	650989.99
环境	环境保护与开发	减少污染物排放	环境保护总投资额	—	减排绩效	—
		资源节约	节能技术研究开发及应用	—	节能增效	—
		环境修复	环境修复投入	—	环境修复绩效	—
合计（环境）			投入指标	—	产出指标	—
合计			投入指标	25808.02	产出指标	650989.99

（3）小结

在本次测算中，东风汽车投入2580802万元，产出65098999万元。东风汽车企业社会价值测定指标体系相关数据内容较多，但二级指标商业伙伴指标下的内容测算缺失，同时一级指标环境指标的相关内容也缺失。投入指标和产出指标均为社会指标数值最大，公司治理指标次之，环境指标均未测算。新冠肺炎疫情期间，东风汽车携旗下企业向湖北捐赠3600万元。

(五)中国建材

中国建材集团有限公司(以下简称中国建材集团)是经国务院批准,由中国建筑材料集团有限公司与中国中材集团有限公司重组而成,是国务院国资委直接管理的中央企业。

中国建材集团集科研、制造、流通为一体,是全球最大的综合性建材产业集团和世界领先的综合服务商,连续9年荣登《财富》世界500强企业榜单。资产总额6000亿元,员工总数20万人,年营业收入近3500亿元;拥有13家上市公司,其中,海外上市公司2家。水泥熟料产能5.3亿吨、商品混凝土产能4.6亿立方米、石膏板产能27亿平方米、玻璃纤维产能265万吨、风电叶片产能16GW,均位居世界第一;在国际水泥玻璃工程市场和余热发电市场领域处于世界第一。拥有26家国家级科研设计院所,3.8万名科技研发人员,33个国家行业质检中心,12000多项专利,11个国家实验室和技术中心,以及19个标委会。

中国建材集团的战略愿景是致力于成为具有全球竞争力的世界一流综合性建材和新材料产业投资集团,战略定位是行业整合的领军者、产业升级的创新者、国际产能合作的开拓者,重点打造基础建材平台、国际产能合作平台、三新产业发展平台、国家级材料科研平台、国家级矿山资源平台和金融投资运营平台六大业务平台。

1. 中国联合水泥集团有限公司

(1)公司简介

中国联合水泥集团有限公司(以下简称中国联合水泥)成立于1999年,是中国建材的核心企业,是集水泥、商品混凝土、砂石骨料、水泥制品等制造及研发、节能环保与综合利用为一体的国家重点扶持的大型水泥企业集团。

中国联合水泥秉承中国建材集团"善用资源、服务建设"的核心理念,倡导"创新、绩效、和谐、责任"的核心价值观,以"全球优秀的水泥及混凝土专业服务商"为愿景,拓展"水泥+"业务,践行组织精健化、管理精细化、经营精益化"三精"管理理念,积极建设"创新驱动型、质量效益型、制造服务型、社会责任型"四型企业，致力于为客户提供高品质绿色环保的建材产品。中国联合水泥坚持以专业化的制造技术、专家化的管理手段确保高品质产品的生产；坚持以完善的市场保障系统、专情化的服务理念对消费者负责；坚持推进低碳化生产经营方式，打造绿色环保产业，履行企业公民的社会责任；坚持在企业良性发展的同时，持续关注员工健康和福利，实现企业与员工共同成长。

（2）企业社会价值测定指标体系相关数据（见表4-7）

表4-7 指标体系测算结果

一级指标	二级指标	三级指标	投入指标名称	计算结果（百万元）	产出指标名称	计算结果（百万元）
公司治理	股东责任	重大信息公开	社会责任管理	1.00	—	—
		风险管理	风险管控投入	—	风险防控绩效	0
		法治建设	法治建设投入	—	法治建设绩效	0
合计（公司治理）			投入指标	1.00	产出指标	0
社会	客户服务	客户服务质量	服务保障投入	—	服务价值改善	0
					服务价值创造	85.55
	商业伙伴	公平市场环境	诚实守信	—	公平交易	0
			应付账款	—	债务逾期	0
		合作共赢	协作共生	16.28	产业生态圈	1.00
				—	协同创新	4.50
				1.50	稳健供应链	14701.25
				1.20	管理模式/标准分享	10.00
		阳光采购	阳光采购	—	采购舞弊	0
	政府	逆周期调节	企业投资	—	纳税责任	0
					稳定就业	18.61

（续）

一级指标	二级指标	三级指标	投入指标名称	计算结果（百万元）	产出指标名称	计算结果（百万元）
社会	员工	用工多样性	女员工培训投入	4.14	公平待遇	0
			少数民族员工就业	0.46		0
		工作、生活质量	员工福利	29.75	薪酬竞争力	—
					超额工作补偿	—
					休假制度保障	—
		安全健康福利	安全生产投入	94.78	事故伤害损失	—
	地方社区	地方社区投入	社区捐赠赞助	1.39	社区治理能力提升	—
		消费扶贫	购买贫困地区商品	0.48	贫困人口收入增长	—
		产业扶贫	产业扶贫的投入	3.02	产业扶贫项目综合贡献	—
			投资开发扶贫	3.02	投资开发项目经济效益	—
			特产产业扶贫	—	特色产业项目经济效益	—
		就业培训扶贫	人员培训投入	1.00	带动就业收入改善	—
合计（社会）			投入指标	157.02	产出指标	14820.91

（续）

一级指标	二级指标	三级指标	投入指标名称	计算结果（百万元）	产出指标名称	计算结果（百万元）
环境	环境保护与开发	减少污染物排放	环境保护总投资额	495.61	减排绩效	—
		资源节约	节能技术研究开发及应用	167.84	节能增效	526.32
		环境修复	环境修复投入	6.92	环境修复绩效	—
合计（环境）			投入指标	670.37	产出指标	526.32
合计			投入指标	828.39	产出指标	15347.23

- 测算案例

客户服务质量：中国联合水泥高度重视客户服务工作，建立了《服务管理标准》《客户投诉管理标准》《水泥装车服务管理标准》等，拥有一批高素质的销售服务人员队伍，持续为客户提供优质的售前、售中、售后等全方位服务。

阳光采购：中国联合水泥与阿里巴巴公司合作建立中国联合水泥互联网采购平台，通过互联网平台对企业自采、原燃材料物资进行网上寻源采购、比价采购。企业采购招标业务全面上线中国联合水泥物资集采平台，各企业采购招标在线化率稳步提升。通过平台建设和运行，平台各项功能包括寻源、招标、内部商城、采购参谋、供应商管理等均发挥了积极作用，极大地提高了采购人员的工作效率，降低了采购成本，同时第三方采购平台的使用，使采购招标业务更阳光透明合规。

合作共赢：中国联合水泥以各专业委员会为依托，积极开展科技创新工作。河南运营管理区中联节能工程公司成为中国建材水泥板块唯——家节能减排服务机构。各企业设立或与相关科研机构合作设立各类技术中心19个，进一步完善了科技创新体系建设。中国联合水泥积极组织企业参评中国建材集团技术革新奖的申报工作，2019年共组织290个项目参评技术革新奖。2019年上半年中国联合水泥完成专利申报10件，其中发明专利1件；获得授权专利17件；累计拥有专利624件，其中发明专利53件。中国联合水泥参与修订国家标准1项，参与制定行业标准4项。

曲阜中联目前与中国建材总院、西北工业大学、郑州大学、中国矿业大学、济南大学等众多高校及科研机构进一步深化合作，大力培养和引进科技人才，通过技术委员会主任、副主任、成员、技术员层层考核、层层负责的形式，公司逐步形成了办事效率高、执行能力好、市场活力强的技术创新主体。公司现有研发实验人员及外聘专家110余人，中高级职称人员数量占40%，其中博士、硕士15人，工程师50人。各层次技术人员配置合理，研发队伍综合素质高、人才结构合理、专业水平高、技术力量雄厚。公司建立了人才激励机制，加强人才队伍专业技能及整体素质的培养，增强了整个企业的科技创新氛围。

淅川中联专门制定出台了《科技创新奖励办法》，以激励广大员工积极参与各种技能竞赛，开展科技创新项目、专利申报和合理化建议活动，并给予资金支持、定期表彰奖励。

洛阳中联成立科技创新基金，对科技研发、新技术应用方面做出重大贡献的部门和个人依据《一般创新与改进项目管理规定》进行专项考核，增加了收入后，员工更乐于进行技术创新，从而达到了双赢的局面。

减少污染物排放：中国联合水泥"三年蓝天"行动计划。中国联合水泥积极践行习近平总书记在十九大报告中提出的"绿水青山就是金山银山"的发展理念，坚持节约资源和保护环境的基本国策，全面落实中国建材集团"善用资源，服务建设"的核心理念和宋志平董事长的"责任蓝天"行动宣言，制订并发布《中国联合水泥蓝天行动计划（2019—2021）》，力争通过三年的努力，提升资源、能源循环利用效率，提升产品质量，减少颗粒物、氮氧化物和二氧化硫等污染物排放，减少温室气体排放，深入开展绿色矿山和生态文明工厂建设，打造出一批具有国际一流水平的生态文明示范企业，为中国联合水泥高质量发展提供保障。

中国联合水泥2019年投入4亿多元对原辅材料堆棚、现场环境治理、超低排放、电收尘等进行改造。水泥、混凝土企业实现无组织排放全封闭管控。在河南区域实现超低排放基础上,根据河北邢台市政府加快推进超低排放和污染治理的情况,对邢台中联、临城中联、福石中联进行超低排放改造,改造完成后能达到颗粒物、二氧化硫、氮氧化物排放浓度分别不高于 10mg/m³、50mg/m³、50mg/m³ 的目标,为其他企业超低排放奠定了基础。

2. 中国建材检验认证集团股份有限公司

(1)公司简介

中国建材检验认证集团股份有限公司(以下简称国检集团)的业务起源于 20 世纪 50 年代,并伴随着中国经济的发展而茁壮成长。经过 70 余年的积极探索和不懈努力,已经发展成为国内建筑和装饰装修材料及建设工程领域内极具规模、综合性、第三方检验认证服务机构。

国检集团总部设在北京,在华北、华南、华东、西北、西南等区域设有 25 家分支机构,全国性布局初具雏形。下辖 25 个国家及行业产品质检中心,构成检验检测、认证业务、安全服务、仪器研发、延伸服务五大业务平台。2016 年 11 月 9 日,国检集团在上海证券交易所主板成功上市,成为 A 股首家"中国"字头、集检验认证为一体的上市公司。

(2)企业社会价值测定指标体系相关数据(见表 4-8)

表 4-8 指标体系测算结果

一级指标	二级指标	三级指标	投入指标名称	计算结果(百万元)	产出指标名称	计算结果(百万元)
公司治理	股东责任	重大信息公开	社会责任管理	1.00	—	—
		风险管理	风险管控投入	0.61	风险防控绩效	—
		法治建设	法治建设投入		法治建设绩效	0
合计(公司治理)			投入指标	1.61	产出指标	0

（续）

一级指标	二级指标	三级指标	投入指标名称	计算结果（百万元）	产出指标名称	计算结果（百万元）
社会	客户服务	客户服务质量	服务保障投入	6.39	服务价值改善	—
					服务价值创造	—
	商业伙伴	公平市场环境	诚实守信	1.00	公平交易	—
			应付账款	21.24	债务逾期	—
		合作共赢	协作共生	74.17	产业生态圈	—
				0	协同创新	—
				336.12	稳健供应链	—
				0.39	管理模式/标准分享	—
		阳光采购	阳光采购	3.36	采购舞弊	—
	政府	逆周期调节	企业投资	—	纳税责任	—
					稳定就业	—
	员工	用工多样性	女员工培训投入	1.51	公平待遇	—
			少数民族员工就业			—
		工作、生活质量	员工福利	0.37	薪酬竞争力	—
					超额工作补偿	—
					休假制度保障	—
		安全健康福利	安全生产投入	0.54	事故伤害损失	0.05

（续）

一级指标	二级指标	三级指标	投入指标名称	计算结果（百万元）	产出指标名称	计算结果（百万元）
社会	地方社区	地方社区投入	社区捐赠赞助	0.68	社区治理能力提升	—
		消费扶贫	购买贫困地区商品	0.28	贫困人口收入增长	—
		产业扶贫	产业扶贫的投入	—	产业扶贫项目综合贡献	—
			投资开发扶贫	—	投资开发项目经济效益	—
			特产产业扶贫	—	特色产业项目经济效益	—
		就业培训扶贫	人员培训投入	0.35	带动就业收入改善	—
合计（社会）			投入指标	446.40	产出指标	0.05
环境	环境保护与开发	减少污染物排放	环境保护总投资额	0.04	减排绩效	—
		资源节约	节能技术研究开发及应用	—	节能增效	—
		环境修复	环境修复投入	0.04	环境修复绩效	—
合计（环境）			投入指标	0.08	产出指标	—
合计			投入指标	448.09	产出指标	0.10

- 测算案例

重大信息公开：从公司性质来看，国检集团于 2016 年 11 月 9 日成功登陆资本市场成为上海证券交易所的上市公司。根据有关法规要求，上市公司应在规定时间编制并公布反映公司经营状况和业绩的定期报告。此外，上市公司还应及时公布对某些可能会对上市公司股票价格产生较大影响的事件予以披露的临时报告，如董事会、监事会和股东大会决议，应当披露的交易、关联交易、重大诉讼和仲裁等重大事项。国检集团为与投资者保持良好的沟通和联系、树立良好的企业形象并扩大社会影响，从而提升企业的价值，根据公司实际情况，公司将法定披露信息以外的其他重大信息纳入到自愿性披露范围，每年度编制《国检集团信息披露手册》，对信息披露的基本要求、信息范围和披露程序予以约定。自 2016 年上市以来，公司共发布 11 次定期报告，发布 203 项临时公告（含自愿披露信息），公司信息披露工作连续三年获得上海证券交易所最高评级。

从行业属性来看，国检集团作为国有控股的独立第三方高技术服务机构，从事建材产品和建筑工程的检验认证业务，向社会提供产品、管理体系或服务满足标准和技术法规等特定要求的信用证明，其业务核心是"建立信任、传递信任、服务发展"，履行社会责任是公司开展检验认证活动的本质要求，是公信力的重要保障和重要义务，是实现可持续发展的内在需要。作为国内建筑材料检验和认证领域中最具规模的第三方检验认证机构，公司以"公正为本，服务社会"为核心理念，秉持"让人类生活更美好"的企业使命，积极追求企业经济成长与社会责任的有机统一。国检集团高度重视社会责任管理工作，积极完善社会责任工作体系，向各成员企业积极传播社会责任理念，提升公司每个员工的社会责任意识。2011 年，国检集团发布首份《中国建材检验认证集团股份有限公司社会责任报告》，后续公司按年度定期发布《社会责任报告》。

风险管理：

1）风险管理组织机构设置

国检集团设有审计部，审计部作为公司内部监督机构负责检查公司财务收支、法规执行情况、财产、物资、资金安全与完成情况，审计问题沟通及监督整改，公司内部控制制度的健全性和有效性评审。此外，国检集团于2011年成立了全面风险管理领导小组和全面风险管理办公室，其中，领导小组由公司总经理担任组长，组员均为高管。公司审计部和公司全面风险管理领导小组、办公室并行运行，加强公司内部风险管理。

2）风险管理规划

为了更好地开展年度风险评估工作，在上一年度末，公司全面风险管理办公室组织牵头，相关部门协助，通过集体讨论的方式，辨识公司下一年度相关的风险。针对不同风险类型，形成相关的解决方案。

3）风险管理年度总结

国检集团按年度对全年全面风险管理工作进行总结，形成年度全面风险管理报告，实行责任主体与各经营主体相统一，将风险管理延伸至分（子）公司，风险管理与日常经营管理责任一体化，并在年终经营结果考核中予以体现，取得了较好的风险管控效果。

针对年初所明确的需重点防范的风险，梳理公司结合实际工作所做出的相应举措，对于风险防范效果予以点评，进而不断强化重大风险监控和预警，不断完善风险信息搜集、报告和处理机制，为公司发展战略目标的实现提供坚强保障。

4）内部审计体系运行情况

国检集团审计部成立于2012年4月，职能上由集团公司董事会审计委员会垂直领导，行政上接受财务总监直接管理，以促进集团公司健康持续发展为目标，以规范内部管理和资金控制为重点，积极履行审计职能，开展确认、评价、咨询工作。主要工作包括：①开展相关管理制度的制定；②基础工作方面，审计部对财务月报表的报出情况进行检查，加强对财务报表合理性与准确性的检查监督；依照上市公司信息披露要求，完成定期财务报表的内部审核，较好地保证信息的真实性和准确性；③跟踪与评价年报审计，出具年度内控报告；④评估内部控制的适当性，促进业务流程的持续改进，如募集资金管理、招投标管理、专项审计。

法治建设：守法合规是公司作为国有控股上市公司必尽的责任，也是国检集团保持快速、稳健发展的重要基础。国检集团遵循《公司法》和国务院国资委的要求，构建由董事会、经营管理层组成的现代公司治理架构。董事会处于公司治理的核心地位，依据《公司章程》行使职权，不断完善运作机制，实现董事会运作高效、规范、有序。国检集团一贯严格按照国家有关法律法规、政策要求开展相关工作。

客户服务：在建材检验检测行业业务市场竞争不断加剧的情况下，《检验检测业务客户单元动态管理营销办法》在国检集团陕西公司实施应用近两年以来，使得国检集团陕西公司业务管理效率明显提高，检验检测业务市场基本稳定、客户流失率得以降低、业务部门内部消耗趋于减少、客户边缘不清问题获得改善、员工潜能得到有效开发、业务拓展积极性和主动性得以调动；经济效益显著增长，业务量明显提升，2015年的业务量相比去年同期增长约12%，同时带动了公司其他业务板块的销售业绩不断攀升。

首创具有国检集团特色的重点工程环保综合服务模式，积极承担多个国内重大工程检测任务。国检集团曾为2008年北京奥运工程用材编制了《奥运工程环保指南——绿色建材》，并组建了一支优秀的技术专家团队投身到奥运工程建筑材料绿色评价、检测、监督、咨询等工作。为确保第三方服务质量，保持体系运行效率，国检集团开辟奥运工程绿色通道，组织顶级技术专家深入奥运工地现场，跟踪奥运环保指南实施情况，建立快速响应机制，为奥运工程提供最一流的服务，并为后来此类服务模式的创建奠定了坚实的基础。作为雁栖湖国际会议中心报告厅、精品酒店宴会厅、北京雁栖湖国际会展中心工程材料生产施工控制及环保性能评价工作的唯一承担机构，国检集团顺利完成了第22次APEC会议场馆建设和改造工程材料生产施工控制及环保性能评价工作，并获得2014年亚太经合组织会议北京市筹备工作领导小组荣誉证书；在G20主会场装修环保控制工程中，国检集团负责起草《杭州国际博览中心会议场馆改造及装修工程重点区域室内装修用材环保控制技术规范》，对人造板及其制品、涂料、胶粘剂、家具等13类25种装饰装修材料的关键环保指标进行了规范，同时根据关键场所的设计方案对现场施工单位提供的施工方案进行系统评估，

2016年9月获中共杭州市委杭州市人民政府颁发的"服务保障G20杭州峰会先进集体"和杭州国际博览中心颁发的"G20杭州峰会服务保障突出贡献奖";在厦门金砖会议工程室内装修环保控制服务中,国检集团承担了厦门国际会议中心、国际会展中心、白鹭洲书苑、夏商冷库、闽南大戏院和新闻发布中心共6个重点场所的室内装修环保控制工作,国检集团项目团队克服了时间紧迫、对接复杂、异地服务便利性差等困难,高标准、高质量地完成了任务,环保控制结果得到了会议组委会和各级领导的褒奖。

(3)小结

在本次测算中,国检集团投入44809万元,产出10万元。国检集团能够根据有关法规要求在规定时间编制并公布反映公司经营状况和业绩的定期报告,并设有审计部等风险管理组织机构,在每一年年末,讨论辨识公司下一年度的相关风险,并针对不同的风险,形成相关的解决方案,按年度进行风险管理工作总结并形成报告。"十二五"期间,国检集团制定了"做优服务、做强品牌"的企业战略发展目标,深入推进检验检测业务市场开拓,优化内部管理体制,建设与推广综合业务管理系统。国检集团通过前期对检验检测行业的客户需求调研,积极开展检验检测服务模式创新建设,通过充分发挥自身技术、资质、本地化服务优势,打造品牌形象,提升国检集团在检验检测行业的竞争力,开展了以客户需求为导向的检验检测业务管理创新建设。

3. 北新建材

(1)公司简介

北新建材集团有限公司(以下简称北新建材)是国务院国资委直属中央企业中国建材集团旗下的A股上市公司,于1979年成立。北新建材目前已发展成为中国最大的新型建材产业集团、全球最大的石膏板产业集团,正在发展成为全球最大的新型房屋产业集团。

北新建材是北京市批准的国家级中关村科技园区北新材料园,建设部批准的首批国家级住宅产业化基地,科技部等部委联合批复的国家级创新型企业,是全球石膏协会评选的全球石膏行业年度公司并授予全球石膏行业突出贡献奖。

第四章　中韩企业社会价值案例分析

北新建材 10 年来保持每年经营业绩指标 30% 左右的稳健增长。最近 5 年，每年实现归属于母公司净利润、EVA（经济增加值）同步增长 30% 左右，每年将可分配利润的 30% 以上进行现金分红。北新建材的战略目标是：发展成为拥有自主品牌、自主知识产权、核心业务排名世界第一、具有世界水平的跨国公司。

北新建材是中国新型节能环保建材规模化生产和应用的引领者，坚持以推动行业的健康发展和升级为己任，以"绿色构筑未来"为产业理念，实现绿色建筑六要素：安全（防火、抗震、减灾）、节能（材料生产和建筑运行能耗低）、环保（无毒、无害、无污染）、低碳（碳排放少）、舒适（温度湿度适宜、清新洁净）和生态（人、建筑和自然和谐共处）。

（2）企业社会价值测定指标体系相关数据（见表 4-9）

表 4-9　指标体系测算结果

一级指标	二级指标	三级指标	投入指标名称	计算结果（百万元）	产出指标名称	计算结果（百万元）
公司治理	股东责任	重大信息公开	社会责任管理	1.00	—	—
		风险管理	风险管控投入	27.12	风险防控绩效	—
		法治建设	法治建设投入	0.01	法治建设绩效	1.18
合计（公司治理）			投入指标	28.13	产出指标	1.18
社会	客户服务	客户服务质量	服务保障投入	38.00	服务价值改善	1.17
					服务价值创造	—
	商业伙伴	公平市场环境	诚实守信	21.65	公平交易	0
			应付账款	773.39	债务逾期	0

(续)

一级指标	二级指标	三级指标	投入指标名称	计算结果（百万元）	产出指标名称	计算结果（百万元）
社会	商业伙伴	合作共赢	协作共生	274.40	产业生态圈	0
				393.12	协同创新	0
				1.95	稳健供应链	8466.74
				0.65	管理模式/标准分享	3.00
		阳光采购	阳光采购	1.44	采购舞弊	0
	政府	逆周期调节	企业投资	0	纳税责任	0
					稳定就业	—
	员工	用工多样性	女员工培训投入	0.38	公平待遇	0
			少数民族员工就业	0.04		0
		工作、生活质量	员工福利	25.20	薪酬竞争力	0
					超额工作补偿	0
					休假制度保障	8.04
		安全健康福利	安全生产投入	1.54	事故伤害损失	0.11

（续）

一级指标	二级指标	三级指标	投入指标名称	计算结果（百万元）	产出指标名称	计算结果（百万元）
社会	地方社区	地方社区投入	社区捐赠赞助	5.55	社区治理能力提升	6.65
		消费扶贫	购买贫困地区商品	0	贫困人口收入增长	0
		产业扶贫	产业扶贫的投入	1.42	产业扶贫项目综合贡献	—
		就业培训扶贫	人员培训投入	0.30	带动就业收入改善	—
合计（社会）			投入指标	1539.03	产出指标	8485.71
环境	环境保护与开发	减少污染物排放	环境保护总投资额	386.94	减排绩效	9.01
		资源节约	节能技术研究开发及应用	463.52	节能增效	—
						13.53
						9.74
		环境修复	环境修复投入	0	环境修复绩效	0
合计（环境）			投入指标	850.46	产出指标	32.28
合计			投入指标	2417.62	产出指标	8519.17

- 测算案例

股东责任：2018年度内，董事监事勤勉尽责，与股东、管理层保持良好沟通，组织运转高效。2018年，公司组织并召开股东大会2次、董事会会议6次、董事会专门委员会会议14次、监事会会议5次，并荣获中国主板上市公司十佳管理团队、2018中国上市公司年度卓越董事会等奖项。

风险管理：2018年，公司建立健全内部控制制度，加强风险管控和内部监督，提高公司规范运作水平。报告期内，公司对公司章程、内部控制制度、内部审计制度等进行了修订，监事会对公司财务情况以及董事、高级管理人员执行公司职务的行为等进行充分监督；公司加强内部审计并明确审计无禁区、审计全覆盖，通过审计对各事项的合规性、有效性实施监督检查，审计部门独立于经营管理单位，审计意见独立客观，不受监督评价对象的影响。

重大信息公开：报告期内，公司严格按照监管要求及公司信息披露事务管理制度、重大信息内部报告制度等规定，认真履行信息披露义务。对公司2018年对外投资、对外担保、关联交易、权益分派、募集资金使用等重大事项进行信息披露，同时自愿披露可能对股东和其他利益相关者决策产生影响的信息，保证内容的真实、准确和完整，维护股东知情权，为投资者提供充分的投资依据。2018年，公司共发布定期报告、临时公告、其他各类报告等信息披露文件共92份。公司2017年度信息披露工作再获深圳证券交易所考评A级。

客户服务质量：为保证客户服务质量，向客户提供更加稳定、安全、高质量的产品，2018年，公司开展了"基础管理年"活动，紧紧围绕年初制定的生产经营目标指标，落实各项工作计划，推动质量管理和安全管理工作，全面提升企业质量、安全管理水平，提高全员质量、安全意识，不断夯实各项基础工作。公司严抓产品质量把控，生产工厂严格控制原材料入厂验收及产品出厂检验关，确保产品出厂检验合格率100%。另外，公司质量监管部门企业管理部实施质量产品抽检制度。2018年完成了公司主要产品及生产主要原材料的监督抽查。在客户投诉及处理方面，公司2018年度共处理投诉133起，处理率100%。

安全健康福利：公司始终将落实企业主体责任作为头等大事来抓，坚持推行质量安全环保责任制，组织各区域公司、分子公司与公司签订产品质量、安全生产、环境保护责任书，层层分解落实，明确各生产经营单位和各级人员的责任、工作目标和任务，强化质量、安全、环保、消防、交通等考核依据。

社区捐赠赞助：公司向四川南充市嘉陵区谢家庙村捐赠 50 万元和价值约 39.93 万元的建材产品。全资子公司镇江北新建材有限公司向句容市慈善总会下属慈善分会爱心捐赠 2 万元。2018 年，公司全资子公司泰山石膏有限公司累计捐赠 27 万元用于扶贫项目，在泰安市企联和泰安市工经联发起的银企联谊会中荣获"泰安市践行社会责任爱心企业"荣誉称号。

产业扶贫：2018 年，公司精准扶贫工作主要以援建基础设施、定点捐赠等形式开展。其中，产业扶贫共投入 141.91 万元，企业负担的挂职干部工资及补助共投入 30 万元，取得了一些成绩。

环境保护与开发：公司持续发展循环经济，实施设备及工艺升级改造，不断实施节能减排措施，提高能源利用效率，减少污染物排放，实现生产废料循环利用，推动职业健康安全建设，不断改善工作环境，努力推动企业的可持续发展。2018 年，公司为降低污染排放而进行的环保总投资额为 38694.45 万元。

（3）小结

在本次测算中，北新建材投入 241762 万元，产出 851917 万元。北新建材严格按照《公司法》等有关规定，完善法人治理结构，提高规范运作水平，保护股东合法权益，规范信息披露和投资者管理，保护股东知情权，依法保障股东权利，注重维护中小投资者利益，持续稳健发展，积极回报股东；公司始终将落实企业主体责任作为头等大事来抓，坚持推行质量安全环保责任制，严抓产品质量把控，生产工厂严格控制原材料入厂验收及产品出厂检验关，确保产品出厂检验合格率 100%；根据公司业务特点从慈善、关爱弱势群体及困难帮扶几个重点方面，开展了公益活动，树立了良好的社会形象；持续发展循环经济，实施设备及工艺升级改造，不断实施节能减排措施，提高能源利用效率，减少污染物排放，实现生产废料循环利用，推动职业健康安全建设，不断改善工作环境，努力推动企业的可持续发展。

（六）中国交建

中国交通建设股份有限公司（以下简称中国交建）是全球领先的特大型基础设施综合服务商，主要从事交通基础设施的投资建设运营、装备制造、房地产及城市综合开发等，为客户提供投资融资、咨询规划、设计建造、管理运营一揽子解决方案和一体化服务。中国交建在香港、上海两地上市，公司盈利能力和价值创造能力在全球同行中处于领先地位。2019年，中国交建居《财富》世界500强第93位；在国务院国资委经营业绩考核中"14连A"。

中国港湾工程有限责任公司

（1）公司简介

中国港湾工程有限责任公司（以下简称中国港湾）成立于20世纪80年代，是中国交建的子公司，代表中国交建开拓海外市场。目前，中国港湾在世界各地设有90多个分（子）公司和办事处，业务涵盖100多个国家和地区，在建项目合同额超过300亿美元，全球从业人员超过15000人。

中国港湾坚持产业引领，积极推动"五商中交"海外落地，在海事工程、疏浚吹填、道路桥梁、轨道交通、航空枢纽、市政环保、成套设备等领域，具备覆盖全产业链的投建营一体化能力。凭借资金、技术、营销、人才设备等方面的优势，中国港湾为全球客户提供优质服务，建设了一大批具有国际影响的标志性工程，先后荣获"中国建筑工程鲁班奖""中国土木工程詹天佑奖""国家优质工程金奖""布鲁内尔奖""ENR全球优秀项目奖"等一系列重要奖项，中国港湾已成为国际工程行业的知名品牌。在"一带一路"倡议的指引下，中国港湾坚持做沿线国家政府与经济社会发展急需的责任分担者、区域经济发展的深度参与者、政府购买公共服务的优质提供者，秉承"感知责任、优质回报、合作共赢"的核心价值观，积极履行企业社会责任，为所在国家和地区的经济社会发展做出积极贡献，实现同呼吸、共命运、齐发展。

- 测算案例

在股东责任方面，中国港湾未发布社会责任报告和可持续发展报告等重大信息公开报告，该项指标计为0；在风险管理方面，中国港湾加强全面风险管理、总法律顾问制度、重大舆情监控等风控措施，避免了潜在处罚或者经济损失；在法制建设方面，中国港湾高度重视法治建设，扎实推进企业负责人为法治建设第一责任人的长效机制建设，不断提升依法治企和合规管理能力。中国港湾强化法律顾问队伍建设，将总法律顾问制度向三级子企业延伸，组织年度法律顾问培训，提高法律顾问职业能力和素养；加强普法宣传教育，落实"七五"普法规划，举办宪法视频讲座、普法知识竞赛等活动，全面提升全员法律意识，为公司率先建成具有全球竞争力的世界一流企业提供坚实的法治保障。中国港湾持续强化风险防控体系建设，加强风险监督管理，组织开展各类风险防范治理，持续增强风险防控能力，为公司稳健发展筑牢防线。中国港湾下发加强经济纠纷案件管理指导意见，发布经济纠纷案件年度分析报告，加强重大纠纷案件备案管理，编制《典型经济纠纷案例选编》；重视建设海外法律风险防控，启动35个国家的海外法律风险防范数据库建设，继续对马尔代夫、孟加拉国等10个国家开展"一带一路"腐败风险国别研究，指导驻外机构有针对性地防范腐败。

在员工方面，中国港湾深入推进"五商中交"海外落地，在持续发展的同时，发扬重道义、求公平、谋共赢的传统，做好中国与世界的经济、文化外交使者，实现中外民心相通。

中国港湾加强海外人才培养，重视国际化人才的引进、培养和选用；加强"一体两翼"与专业公司间优秀海外人才交流；搭建包含投融资、商务管理等的立体培训体系，加快海外复合型人才转型发展。在援建巴新道路项目中，中国港湾累计为当地创造了800多个就业岗位，培训出了一批技术工人。在斯里兰卡港口城项目中，为当地创造超过83000个就业机会，建成后有超过20万人在此工作生活，将为斯里兰卡首都科伦坡打造一个全新的中央商务区。

在地方社区方面，中国港湾在"走出去"的过程中坚持发展与责任并重，按照"战略引导、量力而行、合法合规、推动发展"的原则，积极履行企业社会责任，树立负责任的企业公民形象，实现了经济效益和社会效益双丰收。

案例 1：斯里兰卡尼甘布地区渔民生活困难。为进一步改善渔民生活条件，科伦坡港口城项目公司本着高度的社会责任感，主动提出实施"渔民生计改善计划"，并提供 5 亿卢比作为该计划的实施经费，全部用于改善渔民生活条件。为此，斯里兰卡政府专门成立"渔民生计改善协会"，制定改善实施计划并负责此经费的使用，确保经费全部用于渔民。"渔民生计改善计划"实施以来，得到了尼甘布渔民的强烈拥护，他们从最初对项目取砂的抵触情绪，已经转变为对中国港湾认可的积极情绪，他们逐渐明白了该企业服务民众、服务社会的真诚意愿及落实的决心。该计划已完成约 1.42 亿卢比的资金投入，具体推进情况如下：

为渔民家庭提供资金支持，以协助渔民家庭获得更多收入，截至目前已向 37 个渔业组织发放 7400 万卢比拨款，后续拨款将累计达到 1.5 亿卢比。向尼甘布捕鱼区约 10000 名渔民提供保险。

已成功举办 10 期，"渔民生计改善计划"健康营活动，为超过 1000 名渔民家庭提供医疗咨询、检查、药物和治疗，确保渔民家庭获得更好的健康服务和免费药品。

海滩清理工程，组织渔民、教堂、警察、学生等社会团体共同参与，以改善沙滩环境并加强环保意识。

其他正在推进的渔民生计改善计划包括：提供船坞遮阳挡板、人工育滩工程、信号灯安装工程、新建和翻修社区中心、新建鱼干加工厂、鱼市污水处理系统和渔民知识教育计划等。

经过前期的计划落实，尼甘布地区的渔民生活设施得到了很大改善；在得到医疗、健康培训及上门医疗服务后，受众渔民树立起了健康意识，这是对所有渔民家庭最大的保障；大部分渔民通过"渔民生计改善计划"，不仅提高了当前收入，还获得了更好的捕鱼基础设施，提高了安全意识和健康意识，提升了渔民持续创造收入的能力。项目公司将持续推进计划的落实，让受益的渔民协会超过 10 个，渔民超过 10000 名。

第四章 中韩企业社会价值案例分析

案例2：随着中国港湾在印尼市场的开拓和发展，为回馈印尼社会，履行企业社会责任，为当地教育事业做出贡献，中国港湾于2010年3月暨中国港湾成立30周年之际，在印尼总统大学设立了"中国港湾奖学金"，并和印尼福利院（Gedung YayasanKasih Orang Tua PNIEL）签订谅解备忘录，资助10名福利院孤儿学费直至其高中毕业。每年有15名总统大学的大学生获得"中国港湾奖学金"，该奖学金将连续颁发10年。福利院10名孤儿学费每年金额达3000万印尼盾，也是持续10年。"中国港湾奖学金"奖学金总额达10亿印尼盾，即每年1亿印尼盾，颁发给15名在校学生，分别为一等奖1名，奖金金额为2000万印尼盾；二等奖2名，每人奖金金额为1000万印尼盾；三等奖12名，每人奖金金额为500万印尼盾。

案例3：新冠肺炎疫情暴发后，在集团的指挥协调和中国驻外使领馆、中资企业协会的号召下，中国港湾驻外机构积极捐款捐物，采购紧缺医疗物资驰援疫区。中国港湾各驻外机构累计捐款约103.4万元，累计捐赠物资约合382.5万元，为抗击疫情做出了积极贡献，体现了高度的社会责任感。其中，在了解到武汉市防疫物资紧缺后，受集团委托，中东区域管理中心埃及公司从驻在国埃及紧急购置了1.4万件防护衣、1.6万只护目镜等急需物资，克服了海关查扣、航班停运等困难，历经7000多公里，如期送达武汉，并受到《人民日报》客户端的直播报道，彰显了集中一切可集中的资源、调度一切可调度的力量，力所能及地提供人、财、物等各种资源支持的央企担当。中国港湾还主动对接使馆、属地媒体，宣传中国疫情防控措施，正确引导舆论导向。南部非洲区域公司就中国为抗击新冠肺炎疫情的情况和公司防疫政策向安哥拉属地员工作了宣贯，并获得属地员工对公司防疫政策的支持和理解。科伦坡港口城项目公司主动对接斯里兰卡主流媒体Rupavahini国家电视台，向记者详细介绍港口城项目公司针对疫情所采取的有效防控措施，并积极宣传转发中国驻斯里兰卡大使程学源在斯里兰卡主流媒体《每日金融报》《每日镜报》发表的署名文章，通过充分有效的沟通，传递中国企业负责任的形象以及中国政府和人民战胜疫情的信心。

在环保方面，中国港湾将绿色低碳理念贯穿到交通基础设施规划、设计、建设、运营和养护全过程。①在能源管理方面，公司秉持可持续发展理念，加大节能环保技术推广和节能环保装备的应用。开发利用新能源、可再生能源和清洁能源，清洁能源使用率不断提高。太阳能、地热能、空气能、电能、天然气等清洁能源代替燃煤、燃油在施工工地普遍应用，多个项目采用空气源热泵或太阳能热水系统。②减少废气排放。在建项目加强施工现场扬尘管控，通过增加施工围挡，做好出入口及车行道场地硬化，做好裸土覆盖，安装冲洗设施，配置雾炮设备，安装 TSP 在线监测设备等手段，确保大气污染防治落实到位。其中，由中国港湾总承包，中交第二航务工程局有限公司负责施工的以色列阿什杜德港项目提前一个月完成主防波堤合拢。以色列阿什杜德港项目是中国交建在发达国家承建的最大港口工程，合同价约 9.5 亿美元，工期为 93 个月。该项目首创了步履式海上施工平台，节约了大量钢材与柴油，对施工船舶污水处理系统进行改造，废水得以循环回收。据统计，循环经济创效约 2000 万元。

（2）小结

在股东责任方面，中国港湾加强全面风险管理、总法律顾问制度、重大舆情监控等风控措施，避免潜在处罚或者经济损失。在法制建设方面，中国港湾高度重视法治建设，扎实推进企业负责人为法治建设第一责任人的长效机制建设，不断提升依法治企和合规管理能力。在员工方面，中国港湾加强海外人才培养，重视国际化人才的引进、培养和选用；加强"一体两翼"与专业公司间优秀海外人才交流；搭建包含投融资、商务管理等立体培训体系，加快海外复合型人才转型发展。在地方社区方面，中国港湾在"走出去"的过程中坚持发展与责任并重，按照"战略引导、量力而行、合法合规、推动发展"的原则，积极履行企业社会责任，树立负责任的企业公民形象，实现了经济效益和社会效益双丰收。在环保方面，中国港湾将绿色低碳理念贯穿到交通基础设施规划、设计、建设、运营和养护全过程。在疫情防控阻击战中，中国交建通过国务院国资委专用账户，向湖北省捐赠 4000 万元现金，公司所属在鄂单位也积极捐款 1000 万元，捐款总额达 5000 万元。

（七）中国石化

（1）公司简介

中国石油化工集团有限公司（以下简称中国石化）主要从事石油与天然气勘探开采、管道运输、销售，石油炼制、石油化工、煤化工、化纤、化肥及其他化工生产与产品销售、储运，石油、天然气、石油产品、石油化工及其他化工产品和其他商品、技术的进出口、代理进出口业务，技术、信息的研究、开发、应用。公司总部位于北京，经营范围遍布75个国家和地区，拥有员工68.5万人。

2019年，中国石化在《财富》世界500强企业中排名第2位。2018年，中国石化炼油能力排名全球第1位，芳烃生产能力排名全球第1位，乙烯生产能力排名全球第4位，合成橡胶产能排名全球第2位，加油站数量居全球第2位，成为推进国家现代化、保障人民共同利益、促进全球发展的重要力量。

（2）企业社会价值测定指标体系相关数据

- 测算案例

在客户服务方面，2008年，中国石化正式成立非油业务处，推出易捷便利店品牌。10多年来，易捷紧紧围绕汽车和车主需求，培育核心商品，丰富服务功能。目前，业务主要包括便利店、快餐、汽服、电商、广告等，着力打造集加油、购物、餐饮、汽服等服务功能为一体的多功能终端销售网络。近年来，易捷进一步围绕"互联网+销售+服务"模式，拓展线上线下渠道，开拓新零售业务，满足消费者对信息时代美好生活的需求。截至2018年，易捷便利店累计开设2.6万家，销售额从11亿元增长到519.5亿元，位列中国快消品连锁百强榜第6名。

推动易派客工业品电商平台创新升级，打造易派客标准体系，提升服务全球客户的质量和水平。2018年，易派客平台交易金额2862亿元，同比增长117%；交易订单34万笔，同比增长60%；在线支付金额1078亿元，同比增长174%；国际业务平台累计上线供应商1207家，上线产品9705种；新增注册用户3.9万个，累计注册用户16.6万个。

在地方社区方面，自 1988 年开始，中国石化开始承担西藏、甘肃、新疆等 7 省区 12 县的扶贫开发任务，累计投入资金 24 亿元。中国石化 67 家直属企业承担全国 709 个村的扶贫任务，全系统派出扶贫干部 1945 人。举办专场推介、展销会、农牧品订货会 15 场，购买定点扶贫县农产品 195.97 万元，帮助安徽、新疆、甘肃等地销售农产品 1982.8 万元。中国石化围绕"两不愁、三保障"目标，形成覆盖产业、消费、健康、教育、救济救助、基础设施建设的多维度扶贫模式，全力以赴帮扶定点扶贫和对口支援地区实现脱贫任务。

案例 1：东乡藜麦，从田间地头到百姓餐桌

为加快布楞沟流域群众脱贫致富步伐，2018 年，中国石化同甘肃省农科院及地方政府一道建立藜麦试种点获得成功。2019 年，中国石化继续加强合作，强化藜麦种植技能培训，提高种植机械化水平。东乡县布楞沟流域 5 个乡镇以及龙泉镇共种植藜麦面积从 20 亩迅速增加到 4000 余亩，预计总产量达 490 吨，亩产 110 千克。

在中国石化的帮扶下，东乡 6 个村 220 户群众共种植藜麦 927 亩，其中乔鲁村 55 户村民平均每户种植 4.8 亩，已全部成熟，按平均亩产 165 千克算，每亩收益 2000 元以上，户均收入能达到 9600 元，种植户人均收益 1846 元，远高于马铃薯、玉米等传统作物。

为了更好地助力东乡藜麦快速形成产业化、规模化、品牌化优势，有效地保障扶贫产业的可持续发展，中国石化发挥专业运营优势，从藜麦加工、包装、销售、品牌等产业化要素出发，提升东乡藜麦的品牌能力、产品价值，并通过易捷实体店销售平台、电子商务平台、低成本物流平台等渠道进行销售，畅通东乡藜麦对外销售渠道，解决产品销路难题，实现东乡藜麦的全产业链帮扶。

案例 2：全力以赴助力打赢新冠肺炎疫情防控阻击战

2019 年年底新冠肺炎疫情发生以来，中国石化勇于担当、迅速行动，在全力做好疫情防控的同时，认真组织安全生产，切实保障油气供应，维护正常生产经营秩序。

中国石化提供资金与物资支持，向湖北省捐款5000万元、捐赠200吨消毒剂，用于疫情防控工作的有序部署和开展。

保障油气供应。中国石化武汉石油176座加油站、湖北石油1800余座加油站坚持正常营业。中国石化天然气分公司重点做好新冠肺炎疫情防控期间天然气供应，为湖北省日均供应天然气近500万立方米，其中为武汉市日均供应天然气260万立方米，免费向雷神山医院供气。

保障医疗物资供应。中国石化投资约2亿元，抓紧建设共10条熔喷布生产线。项目每天可生产4吨N95熔喷布或6吨医用平面口罩熔喷布，这些原料可生产120万片N95口罩或600万片医用平面口罩。

加油站售卖或赠送口罩。在北京50座加油站销售一次性防护口罩，每日口罩供应量在3万只左右。"学习雷锋日"在169个设立"职工暖心驿站"的加油站和22个设立"环卫驿站"的加油站，为附近工作的交警和环卫人员每人免费赠送一盒口罩，支持在抗疫关键期坚守岗位、为公共服务的一线英雄。

保障生活物资供应。为保证武汉市场日用品供应，中国石化在170余座加油站的易捷便利店配备了米、油、粮等生活必需物资和洗手液、消毒液等卫生防疫产品。其中62座门店配备了160余种以上的物资，供武汉市民选购，并承诺易捷便利店所有商品不涨价。同时，为配合各地疫情防控需要，中国石化在北京推出"安心买菜"业务，为市民提供安全卫生、便利优惠的新鲜蔬菜。

在环保方面，中国石化全面启动实施"绿色企业行动计划"，深入推进绿色发展，加快"清洁、高效、低碳、循环"绿色企业建设；积极推进成品油质量升级，提前在全国范围内实现"国六"清洁油品供应；深入开展驻"2+26"区域企业大气污染防治、沿江企业污染治理，加快实施加油站地下油罐防渗改造，助力打好污染防治攻坚战和蓝天保卫战；持续推进"能效提升"计划，能源利用效率持续提高，全年共节约标煤70.5万吨；连续开展碳盘查和碳核查，2018年碳交易量达172万吨、交易额3632万元，以实际行动促进温室气体减排。

案例 1：中国石化中原油田

2018 年，新建天然气产能 5.61 亿立方米、生产清洁能源 65.53 亿立方米；从油藏结构调整、井筒优化配套、地面设施改造等方面，全年实施"能效提升"项目 44 个，推广应用地热、余热供暖、光伏发电技术，年节约标煤 12550 吨；创新应用大型硫黄回收装置停工"热氮吹硫"、囊式防污染装置等清洁生产技术；首家建立气田生态跟踪监测机制，持续开展普光气田净化厂周边气、水、土、植被跟踪监测，获取 3.5 万余个数据；普光气田获得 2018 年四川省"绿色工厂"荣誉称号。

案例 2：中国石化镇海炼化

中国石化镇海炼化全面布局基地项目建设，优化加工流程，构建"高利用型内部产业链""废弃物零排放"内部循环经济模式；探索完成系统内首套焦化密闭除焦改造；持续实施节能减排，全年完成"能效提升"项目 14 个，节能 26494 吨标煤，乙烯燃动能耗低于国家先进值，水重复利用率 98.59%，成为国家乙烯行业唯一水效领跑者企业，成功入选首批国家及石化行业绿色制造示范工厂。

案例 3：中国石化江苏石油

中国石化江苏石油提前 3 个月完成"国六"汽柴油升级置换；98# 汽油、尾气处理液和燃油宝销量全系统领先；建设全国首家易捷无人超市、智慧加油站和充电站；投放无人值守循环水洗车机 120 台，年节约用水 40 余万吨；"环卫驿站"项目被国资委授予优秀志愿服务项目，被发改委授予"实现可持续发展目标 2018 中国企业最佳实践"奖。

（3）小结

新冠肺炎疫情期间，中国石化党组委托中国石化销售有限公司湖北分公司总经理于海平、党委书记向浩萍代表中国石化向湖北省红十字会捐赠 5000 万元现金用于疫情防控。

中国石化坚持"为美好生活加油"的企业使命，积极践行可持续发展和社会责任,努力实现"建设世界一流能源化工公司"的企业愿景,坚持与股东、员工、客户、合作伙伴等利益相关方携手并进、合作共赢,共同创造和提升可持续发展价值。

为了保障国家发展动力,满足人民日益增长的美好生活需要,中国石化努力奉献清洁能源和绿色产品,直接或间接服务于人民的衣、食、住、行、用。中国石化将社会责任与企业文化、管理运营相融合,识别社会责任实质性议题,明确社会责任架构,完善社会责任管理,创新社会责任沟通,不断塑造责任品牌,助推企业健康可持续发展,创造经济、社会和环境综合价值。

二、韩国企业的社会价值测量案例

（一）SK 电讯

1. 公司介绍

SK 电讯是一家以移动通信服务为基础,拥有媒体、保安、商务、AI Mobility 等核心技术的全球 New ICT 企业。截至 2018 年年底,其移动通信用户数量为 30.882 万人,在韩国的市场份额为 47.2%,凭借全球最佳且首创的技术与服务引领着韩国的 ICT 生态系统建设。根据 2018 年韩国国际会计标准（K-IFRS）进行核算的综合财务报表,SK 电讯实现了年销售额 16 兆 8740 亿韩元,营业利润 1 兆 2018 亿韩元的业绩。截至 2018 年年底,SK 电讯职工数为 4948 人[一],较上一年（4516 人）增长 9.57%,这归因于 SK 电讯希望通过人才储备在迅速发展变化的 ICT 环境中提升竞争力。

2. 社会价值评估的综合结果

2018 年,SK 电讯创造的社会价值带来了经济间接贡献效益 1 兆 6189 亿韩元、商业社会效益 181.1 亿韩元以及社会贡献社会效益 339 亿韩元,如图 4-2 所示。

[一] 这是和 SK 电讯直接签订雇佣合同的正式职员和非正式职员的人数,不包括 SK 电信的关联公司和子公司所属的人员及管理人员。

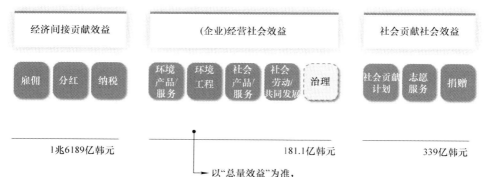

图 4-2　2018 年 SK 电讯双重底线体系社会成果

在环境工程方面，因温室气体和废弃物排放引起的环境污染和水资源消耗带来负面效益达 -950 亿韩元。在环境产品/服务方面，通过能源管理系统减少温室气体排放和能源消耗、提倡手机回收利用节约资源损耗等举措取得了约 25 亿韩元的环境改善效益。在社会层面，通过地图软件（T-map）、预防暴力犯罪的电子脚链以及残疾人特殊收费制度等产品服务提高顾客生活质量，创造了约 643.2 亿韩元的社会效益（如表 4-11 所示）。

SK 电讯通过核心促进计划 4C 与合作公司谋求共同发展，打造了健全的 ICT 产业生态环境，尤其是对中小企业的资金、技术、教育、人力及福利进行了援助，创造了 432 亿韩元的社会效益，如表 4-10 所示。

2018 年双重底线体系社会效益与 2019 年社会效益评估值⊖ 之间的比较。

2019 年，SK 电讯经济间接贡献效益和社会贡献社会效益较 2018 年分别微增 0.2% 和 1%，而（企业）经营社会效益增加了 1041 亿韩元，增幅高达 85%。特别是作为（企业）经营社会效益的具体指标"产品/服务"效益显著增加，其中 2019 年新开发的指标效益为 310 亿韩元，约占 23%。SK 集团为了提高企业层面社会价值的落实力度，不断在 SK 电讯内部进行探索与改进，从 2019 年起对社会效益的考察占到 CEO KPI 的 50%，创造了经济价值和社会价值相结合的经营模式。

⊖ 2019 年成果估值用 1-9 月的实际数据和 10-12 月的估值进行评估。这仅仅是为了达到比较目的而评估的值，因此在此明确说明，该成果估值与 2019 年的实际值不一致。

表 4-10 2018 年 SK 电讯双重底线体系社会成果

一级指标	计算结果（亿韩元）	二级指标	计算结果（亿韩元）	三级指标	计算结果（亿韩元）	四级指标	计算结果（亿韩元）
经济间接贡献效益	16189	—		雇佣	6091	—	
				纳税	7174		
				分红	2924		
（企业）经营社会效益	181.1	环境	-925	节约资源消耗（原材料、能源、用水）	-5	工程用水	-19
						产品服务（原材料、能源、用水）	14
				减少环境污染（温室气体、大气污染、水污染、废弃物）	-920	工程	-930
						产品服务	10
		社会	1106.1	生活质量	643.2	包括公共利益的增加、不平等的消除、弱势群体、预防犯罪等八项具体指标	643.2

（续）

一级指标	计算结果（亿韩元）	二级指标	计算结果（亿韩元）	三级指标	计算结果（亿韩元）	四级指标	计算结果（亿韩元）
（企业）经营社会效益	181.1	社会	1106.1	消费者保护	−220	安全	—
						质量	−220
						信息	—
				劳动	200.9	雇佣劳动弱势群体	−10
						HRM惯例的改善	—
						家庭亲和制度	170
						成员安全保障	41
						成员工伤保险	−0.1
				共同发展	482	中小企业支付货款天数	50
						贫困地区公平交易	—
						合作公司安全保障	—
						金融、人力、技术支持	432
						社会贡献性质的购买	—
						合作公司工伤保险	—

第四章 中韩企业社会价值案例分析

（续）

一级指标	计算结果（亿韩元）	二级指标	计算结果（亿韩元）	三级指标	计算结果（亿韩元）	四级指标	计算结果（亿韩元）
（企业）经营社会效益	181.1	治理		股东权益报告	—		
				会计透明性	—		
				腐败行为	—		
				违反法律秩序	—		
社会贡献社会效益	339	社会	339	社会贡献	339	社会贡献计划	184
						志愿服务	1
						捐赠	154

3. 经营模式创新与产品服务成果

SK电讯采取基于社会效益的经营模式，不断开发以ICT基础设施和能力为基础的社会问题解决程序。

案例1：ICT孤寡老人㊀ 照料服务

SK电讯作为共享基础设施和创新性ICT技术中的重要一环，提出"与技术为邻"的口号，开发了"ICT照料服务"，并在2018年10月与多个地方政府签订了民营企业与官方合作创造社会价值的协议。协议规定，由地方自治团体支持社会型企业的就业岗位预算，由SK电讯支持社会型企业提供人工智能、IoT等本公司的ICT技术。

SK电讯对来自8个地方自治团体（首尔城东区、永登浦区、阳川区、中区、江南区、西大门区、京畿道华城市、大田西区）的共2100名孤寡老人普及了语音识别人工智能扬声器"谁"，并根据各地方自治团体的要求，提供了智能开关、开门感应传感器等设备。此外，社会型企业"幸福生态手机"通过能够进行语音识别的人工智能机器"谁"为老年人提供护理服务，在原有的情感对话、音乐、天气、新闻和运势功能的基

㊀ 据韩国统计厅的统计，韩国国内65岁以上独居老人的数量预计从2015年的120万名剧增到2025年的197万名，因此必要的福利中心设立和人力运营费用呈现持续增加的趋势。

础上添加了老年人定制服务，起到了陪伴孤寡老人的作用；通过 IoT 传感器监控孤寡老人所居住的家庭内部环境，为患有老年痴呆症的老人提供告警服务、IoT 血糖测量等医疗保健解决方案。

如上所述，SK 电讯不仅为提升孤寡老人福利这一社会问题做出了贡献，还通过与政府及地方自治团体的持续合作，使"ICT 照料服务"不仅局限于 8 个地方自治团体，而是通过制度化进行广泛普及。SK 电讯将继续开放并共享人工智能、IoT 等尖端 ICT 技术，并构建能够解决孤寡老人问题的可持续生态系统，从而为创造社会价值而不懈努力，如图 4-3 所示。

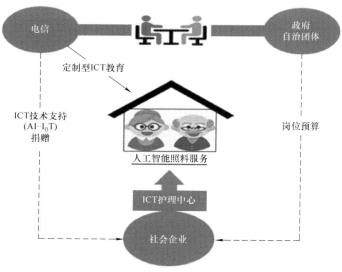

图 4-3　基于民营和官方合作的 ICT 照料服务

案例 2：最佳创新移动应用程序 T 地图（T-map）通过技术和经营模式创造社会价值

为了减少交通事故造成的人员伤亡，SK 电讯于 2017 年 9 月在 T 地图上搭载人工智能平台——"谁"，推出了仅凭语音就可以变更目的地的服务。为了预防对驾驶员的潜在危险，2018 年 2 月接着在 T 地图中使用了车辆通信技术（V2X⊖）。

⊖　V2X（Vehicle to Everything）：以车辆为中心提供有线、无线网络信息技术。

T 地图 V2X 人工智能可以通过智能手机的动态传感器、GPS 信息、大数据等来判断车辆是否紧急刹车。当搭载 T 地图应用程序的前方车辆紧急刹车时，自动判断存在事故危险，并将在相距 1 公里以内的后方车辆 T 地图屏幕上同时显示告警，以提醒驾驶员。后方车辆的驾驶员即使看不到前方状况，也可以根据 T 地图告警逐渐减速，从而防止追尾。

自该服务推出后，T 地图 V2X 每月向用户平均发送 10 万次告警，在预防大型事故及第二次追尾事故方面取得了显著成果。基于此，T 地图 V2X 于 2018 年 12 月获得 "第 18 届移动技术大奖" 科学技术信息通信部长官奖，于 2019 年在巴塞罗那举行的 MWC（Mobile World Congress）子活动 "GSMA 全球移动应用程序颁奖典礼" 中获得 "最佳创新移动应用程序奖"。

SK 电讯为扩大通过 T 地图技术和经营模式创造的社会价值，与各种利益相关者开展了广泛合作。为了改善聋哑人出租车驾驶员的工作环境，SK 电讯于 2019 年与社会型企业 "coactors" 合作推出了聋哑人专用 T 地图出租车应用程序。现有的出租车应用程序均是以非残疾人为主进行设计的，因此有听力障碍的出租车驾驶员很难从中获得帮助。而此次推出的应用程序在原有基础上，增加了告知客户呼叫的闪光信号、用于传达特殊情况的出租车驾驶员与顾客之间的信息指示功能、用于调度专用出租车时的告知功能等，不仅为聋哑驾驶员提供了便利，还增加了呼叫接收按钮设备，以便聋哑人驾驶员在驾驶的过程中能够轻松接收顾客的呼叫请求。

（二）SK 创新

1. 公司介绍

SK 创新是从韩国首批炼油公司不断发展起来的，在韩国经济发展中发挥着中枢作用。SK 创新是一家目前在全球 10 多个国家布局，以开发能源资源、电池信息电子原材料产业、未来能源产业为一体的代表性韩国综合性能源企业。

目前 SK 创新株式会社旗下拥有 SK 能源、SK 综合化学、SK 润滑油、SK 仁川石油化学和 SK 国际贸易五家子公司，是一家韩国综合能源/化学企业。从石油勘探、开发到石油化工产品，SK 创新通过下游企业不断构建石油化工产业的价值链，并通过扩大对电池、原材料业的投资不断挖掘新的增长动力。

SK 创新的组织成员自 2016 年（5915 名）和 2017 年（6134 名）以来始终保持着增加，截至 2018 年年底总数达到 6584 名[一]，其中正式员工 6353 人，占总数的 96.5%。

SK 创新为人人都幸福的世界不断探索新的创造价值方法。一方面，为了减少经营活动对环境的负面影响，SK 创新将环境经营视为核心问题，在生产工艺过程中制定并实施比法律更为严格的公司内部环境标准，通过提供高效率、高容量锂电池等环保产品，改善和解决大气污染、全球变暖等环境问题。另一方面，SK 创新携手当地社区共同解决各种社会问题。例如，推进残障儿童的社会适应训练活动、帮助缓解孤寡老人的孤立无助感，活跃情绪活动；构筑社区贡献平台，以便让更多利益相关者参与其中，以谋求解决社会问题进行广泛合作。

自 2005 年以来，SK 创新每年都发布可持续性发展报告，以公开透明的方式向外部展示可持续经营活动成果与发展方向等，积极与外部利益相关者进行沟通。

2. 双重底线体系社会成果评估

SK 创新在 2018 年实现了经济间接贡献效益 2 兆 3241 亿韩元、经营社会效益负 1 兆 1885 亿韩元、社会贡献社会效益 493 亿韩元[二]，如图 4-4 所示。

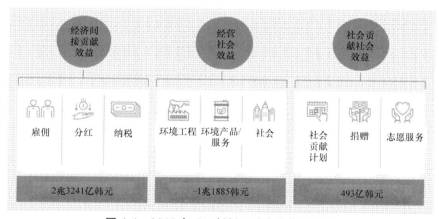

图 4-4 2018 年 SK 创新双重底线体系效益

[一] 该数据不包括顾问和海外企业当地雇佣人员。
[二] 以 2018 年可持续性经营报告为准。

在经营社会效益中，社会效益为 483 亿韩元，环境效益为负 1 兆 2368 亿韩元，这说明随着经营规模扩大，环境影响也随之增加的结构性制约问题。

在社会效益中，包括产品/服务社会效益 86 亿韩元、劳动效益 319 亿韩元、共同发展效益 78 亿韩元。其中，产品/服务效益是指通过"我的卡车棚服务"改善货车驾驶员生活质量带来的效益。劳动效益共计 319 亿韩元，包括通过预防疾病和管理来保障成员健康安全、实行家庭亲和制度提高成员生活质量、雇佣劳动弱势群体消除其贫困等。共同发展效益共 77 亿韩元，包括开展活动为合作公司提供金融资源和技术支持、传授经营经验、支援人才招聘、支援合作公司成员安全健康管理等，从而为缓解合作公司的资金困难、加强技术开发力量、解决基础设施短缺问题、减少事故发生率而做出贡献。

关于社会贡献社会效益共 493 亿韩元，其中通过对社会弱势群体的各种支援计划创造的社会效益为 110 亿韩元，成员志愿服务（例如照顾孩子、发挥特长等）创造的效益为 6 亿韩元，现金和实物捐赠创造的效益为 377 亿韩元，如表 4-11 所示。

表 4-11　2018 年 SK 创新的双重底线体系社会成果

一级指标	计算结果（亿韩元）	二级指标	计算结果（亿韩元）	三级指标	计算结果（亿韩元）	四级指标	计算结果（亿韩元）
经济间接贡献效益	23241	—		雇佣	9023		—
				纳税	7083		
				分红	7135		
经营社会效益	-11885	环境	-12368	节约资源消耗（原材料、能源、用水）	718	工程用水	-252
						产品服务（原材料、能源、用水）	970
				减少环境污染（温室气体、大气污染）	-13086	工程	-14024
						产品服务	938

（续）

一级指标	计算结果（亿韩元）	二级指标	计算结果（亿韩元）	三级指标	计算结果（亿韩元）	四级指标	计算结果（亿韩元）
经营社会效益	-11885	社会	483	生活质量	86	包括公共利益的增加、不平等的消除、弱势群体、预防犯罪等8项具体指标	86
				消费者保护	0	安全	—
						质量	—
						信息	—
				劳动	319	雇佣劳动弱势群体	4
						HRM惯例的改善	3
						家庭亲和制度	27
						成员安全保障	286
						成员工伤保险	-1
				共同发展	78	中小企业支付货款天数	7
						贫困地区公平交易	—
						合作公司安全保障	13
						金融、人力、技术支持	45
						社会贡献性质的购买	13
						合作公司工伤保险	—

(续)

一级指标	计算结果（亿韩元）	二级指标	计算结果（亿韩元）	三级指标	计算结果（亿韩元）	四级指标	计算结果（亿韩元）
经营社会效益	−11885	治理		股东权益报告	—		
				会计透明性	—		
				腐败行为	—		
				违反法律秩序	—		
社会贡献社会效益	493	社会	493	社会贡献	493	社会贡献计划	110
						志愿服务	6
						捐赠	377

3. 经营模式创新

SK 创新通过产品/服务来创造社会效益的典型案例是其经营模式上的创新。

案例 1：通过扩大环保产品销售不断创造环境效益

- 环保润滑机油和润滑油

SK 润滑油公司开发了具有低黏度特征的高级润滑机油，在全球市场销售。该产品与现有的通用产品相比，燃油改善效率高达 2.0%，起到了减少温室气体排放的作用。根据 SK 双重底线体系社会成果评估方法的测算结果，截至 2018 年，SK 润滑油公司通过环保润滑机油及润滑油实现的温室气体减排效益达 1315 亿韩元。

- 车辆轻量化材料（高结晶塑料）

SK 综合化学通过开发高刚性塑料，为减少汽车重量、改善燃油效率、减少温室气体排放做出了贡献。以一辆中型车为例，如果适用高刚性轻量化塑料，那么车的重量将减少 10 公斤，减轻的重量可以改善汽车的燃料消耗率，从而减少二氧化碳排放（约减少 4.5%）。根据 SK 双重底线体系社会成果评估方法的测算结果，2018 年 SK 综合化学通过相关产品创造了 45 亿韩元的社会效益。

案例 2：产品 / 服务

SK 能源从 2006 年光阳货车服务站开始，不断扩大货车专用服务站"我的卡车棚服务"事业线，向货车驾驶员提供休息、停车、维修、加油等综合服务。在提高货车驾驶员福利的同时，也为减少交通事故发生率、消除道路内非法停车、保障优质休息时间和刺激区域经济等做出了贡献。在 2019 年 5 月举行的"第 22 届韩国后勤部门"颁奖典礼上，SK 能源提高货车驾驶员福利的社会贡献得到了高度评价，并获得了大型企业部门奖。SK 能源目前在釜山、光阳、仁川、平泽等韩国主要港口及物流聚集地经营着 19 个"我的卡车棚服务"，计划到 2022 年将该服务点扩大到 30 个。

（三）SK 燃气

1. 公司介绍

SK 燃气（SK Energy and Solution Provider，E&S）是一家于 1999 年成立的城市燃气业控股公司，目前业务领域扩展到了液化天然气、电力、集团能源、新再生能源以及海外能源领域。自 2004 年国内民间发电站首次直接引进液化天然气以来，完成了集液化天然气生产、运输、供应等整个业务为一体的液化天然气价值链。

SK 燃气在韩国国内 8 个地区面向 430 万户家庭提供安全、干净的城市煤气，成为韩国市场占有率位居第一的企业[一]。截至 2018 年年底，共有管理人员和职员 1926 人[二]，销售额规模达 6 兆 4676 万亿韩元，拥有城市煤气、电力、集团能源在内的国内外 26 家子公司。

SK 燃气不仅注重经济效益，而且追求社会效益。在韩国各地运营太阳能、风力、燃料、电池等新再生能源发电设备，减少整体发电市场的温室气体、微尘排放量；在电力需求大的首都圈附近运营热电联产厂，减少了输电损失，并且最大限度地降低韩国输电变电设备追加建设费用，为节约公共基础设施社会成本做出了贡献。

另外，SK 燃气继续开展环保能源教育计划"优质的能源学校"、小儿哮喘儿童支援项目、公司一对一帮扶农村等各种社会贡献事业和志愿服务，并持续为需要援助的

[一] 在韩国国内城市煤气事业市场规模共 256 亿立方米中，SK 燃气占 55 亿立方米（21.5%）。
[二] 包括子公司的高级职员。

社会各地提供捐赠和赞助活动。

2. 社会效益评估综合成果

2018年SK燃气创造的双重底线体系社会效益按领域来看，经济间接贡献效益为1兆1562亿韩元，经营社会效益为-8492.6亿韩元，社会贡献社会效益为90亿韩元^①，如图4-5所示。

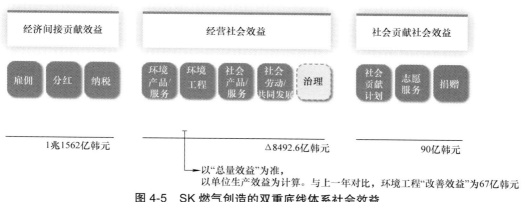

图4-5　SK燃气创造的双重底线体系社会效益

（1）经济间接贡献效益

2018年SK燃气通过雇佣、分红、纳税等创造经济间接贡献效益共计1兆1563亿韩元。2018年雇佣人员达2046人，较上一年增长13%，纳税额和分红支付额分别增长23%和58%。

（2）经营社会效益

2018年SK燃气的经营社会效益为8492.6亿元。由于发电产业在生产过程中不可避免地要排放温室气体及其他污染物质，因此用总量法进行评估就会得到如上的社会成本。因此，SK燃气在其内部使用总量法核算的同时，还采用原单位法^②评估社会价值效益，从而对改善环境影响效率进行评价管理。另外，通过普及太阳能、风力、燃料电池等新再生能源发电技术，努力跨越传统发电产业的局限性，力求最大限度地减少对环境的影响。

---

① 评估对象包括SK燃气旗下的子公司及合作法人等共14个法人。
② 原单位法是指相对于基准状态的"单位生产带来的环境影响"。

（3）社会贡献社会效益

2018年SK燃气的社会贡献社会效益共计90亿韩元，其中，社会贡献计划创造的社会效益为13亿韩元，成员志愿服务创造的社会效益为2亿韩元，捐赠现金和实物创造的社会效益共计75亿韩元。社会贡献社会效益是通过环保能源教育项目"优质能源学校"、公司一对一帮扶农村等多种社会贡献项目和志愿服务取得的成果，如表4-12所示。

表4-12 2018年SK燃气的双重底线体系社会成果

一级指标	计算结果（亿韩元）	二级指标	计算结果（亿韩元）	三级指标	计算结果（亿韩元）	四级指标	计算结果（亿韩元）
经济间接贡献效益	11562	—		雇佣	2274	—	
				纳税	8387		
				分红	901		
（企业）经营社会效益	-8492.6	环境	-8992.9	节约资源消耗（原材料、能源、用水）	-90.7	过程（水资源）	-91.4
						产品（原材料、能源、用水）	0.7
				减少环境污染（温室气体、大气污染、水质污染、废弃物）	-8902.2	过程	-8959.3
						产品	57.1

（续）

一级指标	计算结果（亿韩元）	二级指标	计算结果（亿韩元）	三级指标	计算结果（亿韩元）	四级指标	计算结果（亿韩元）
（企业）经营社会效益	-8493	社会	500.3	生活质量	425	包括公共利益的增加、不平等的消除、弱势群体、预防犯罪等8项具体指标	425
				消费者保护	0	安全	—
						质量	—
						信息	—
				劳动	55	雇佣劳动弱势群体	30
						HRM惯例的改善	0.1
						家庭亲和制度	5
						成员安全保障	20
						成员工伤保险	-0.1

(续)

一级指标	计算结果（亿韩元）	二级指标	计算结果（亿韩元）	三级指标	计算结果（亿韩元）	四级指标	计算结果（亿韩元）
（企业）经营社会效益	-8493	社会	500.3	共同发展	20.3	中小企业支付货款天数	—
						贫困地区公平交易	—
						合作公司安全保障	0.3
						金融、人力、技术支持	19.2
						社会贡献性质的购买	0.8
						合作公司工伤保险	—
		治理	—	股东权益保护	—		
				会计透明性	—		
				腐败行为	—		
				违反法律秩序	—		

（续）

一级指标	计算结果（亿韩元）	二级指标	计算结果（亿韩元）	三级指标	计算结果（亿韩元）	四级指标	计算结果（亿韩元）
社会贡献社会效益	90	社会	90	社会贡献	90	社会贡献计划	13
						志愿服务	2
						捐赠	75

3. 社会价值创造案例

SK燃气在"让所有利益相关者幸福最大化"的目标下，开展了诸多能够提升社会价值、解决社会问题的活动。

案例1：新再生能源与分布式供电

SK燃气在韩国各地运营太阳能、风力、燃料电池等新再生能源发电设备，比发电市场平均温室气体排放量低0.4tCO2e/MWh，微尘排放量则低9g/MWh。

另外，SK燃气在电力需求较大的首都圈附近运营热电联产厂，通过分散供电⊖效应降低输电损失，最大限度地降低韩国输变电设备追加建设费用，为降低公共基础设施社会成本做出贡献。

案例2：地区再生项目

SK燃气在追求社会效益的过程中，与社会创新家展开合作，共同解决社会问题，推动建立一个通过创业解决问题的社会创新生态系统。

群山地区因制造业衰退而发生了经济停滞。针对这一问题，SK燃气开启了"local：Rise 群山⊜"地区再生项目，力求通过培育社会创新者与群山携手解决社会问题。为此，SK燃气开展建立了创业空间、提供事业启动支援金、支援创业计划和专家指导等活动，2019年共23个团队开发了群山专属商业模式，刺激群山地区经济发展、引导

⊖ 分散供电是指在40兆瓦以下小规模及500兆瓦以下的需求地区的发电设备。
⊜ 该项目从2019年开始实施，因此在2018年双重底线体系成果中尚未包括这一项目。

青年创业，力求通过这些举措给该地区带来积极影响。

案例3：社会意识项目

SK燃气通过开展教育项目，给广大的学生提供了体验环保能源重要性的机会。2017年9月至2019年7月，先后有近2700名学生参与了累计开展100次的"优质能源学校"活动。该项目成为韩国环境部2019年指定的优秀环境教育项目，也是SK燃气具有代表性的社会意识项目。学生可以通过讲解，体验版图游戏、太阳光飞机以及VR虚拟现实等立体体验项目，树立正确的环保能源价值观，了解清洁环境的重要性。

案例4：社区贡献及服务活动

自2014年，与江原道洪川郡北方面菱坪里（子公司——江原道城市煤气公司，疏梅谷里）共建以来，SK燃气围绕帮助农户干农活、建设农村道路等开展志愿服务活动。之后还开设了周末农场及农村体验项目，该项目不仅增加了城乡之间的交流，而且通过农产品交易增加了农户收入。

（四）韩国土地住宅公社

1. 企业简介

韩国土地住宅公社（以下简称LH）是为提升国民居住生活质量和国土的有效利用而建设的公共企业㊀，从事新城市开发、商品房供应㊁、城市再生㊂、住宅租赁以及其他政策项目。

2018年年末，LH拥有9111名员工，其销售额和营业利润分别为18兆338亿韩元和2兆767亿韩元，并在2017~2018年的公共机关经营评价中连续获得A等级（优秀机关）。

㊀ 韩国公共机关根据商业功能、规模、自身收入比率等标准，被划分为公共企业、准政府机关和其他公共机构。其中，职工定员在50人以上，自营收入占总收入50%以上的组织称为公共企业。
㊁ 为了促进无住宅市民购买自己的住宅，为一定收入及资产标准以下的新婚夫妇供应住宅的项目。
㊂ 此项包括城市再生（旧产业园区再生等）、城市整备（再开发、空置房整备项目等）、老建筑整备等。

2. 企业社会价值创造实践

LH 是社会价值实践领域中具有代表性的开创性公共机关。在"连接人与世界的幸福家园 with LH"的企业蓝图下，LH 不仅有效率地履行固有事业，而且为解决社会问题积极地提供必要的支持。

在管理层面，通过新设立社会价值专门组织（2018 年 1 月）、引入社会价值影响评价制度（2018 年 6 月）、测定社会价值成果（2018 年 12 月）等，将其业务体系改为以社会价值为中心的体系。

从事业层面，为实现住房稳定，LH 累计提供（按生命周期和收入水平）租赁住宅 120.3 万户（2019 年年末为止）；为缓解低出生率问题，在慰礼、平泽等地专门建设福德生育和育儿的"新婚希望村"。

LH 社会价值促进体系，如图 4-6 所示。

3. 社会价值测评

LH 通过与会计师事务所以及社会价值研究院的合作，在公共部门首次对经营活动产生的社会价值（社会成果）进行量化测评，并将结果对外公布（2019 年 3 月）。不仅如此，LH 还积极参与公共机关社会价值测定协议会○，将自身的测定案例共享给其他公共机关。LH 的测定案例，在一定程度上促进了其他公共机关引进社会价值货币化测定方法，为公共部门内部社会价值测定扩散做出了贡献。

LH 分别以货币化方式测定了"社会成果投入"和"社会成果产出"。"社会成果投入"是指 LH 主要事业的投入费用中用于创造社会成果的费用。将每项事业的投入分为社会成果领域和经济成果领域。"社会成果产出"是指通过企业活动产生的社会效益，其中难以测定产出领域（环境、安全等）以投入替代。

LH 社会成果测评结果，如图 4-7 所示。

以 2018 年为准，LH 在 15.2 万亿韩元的总事业费中将 8.2 万亿韩元（投入社会成果）分别投入到建设租赁住宅/买入、产品劳务有限采购等社会成果领域。通过这

○ 公共机关社会价值测定协议会是为了讨论社会价值测定方法，共享创造社会价值的案例，于 2018 年 12 月成立的。2019 年一年内召开了 5 次工作人员会议，有 30 多个机关的社会价值负责人参与其中。

些投入，在节省居住费用、中小企业成长效果及加强居住安全等方面创造了 5.3 万亿韩元的产出社会成果。

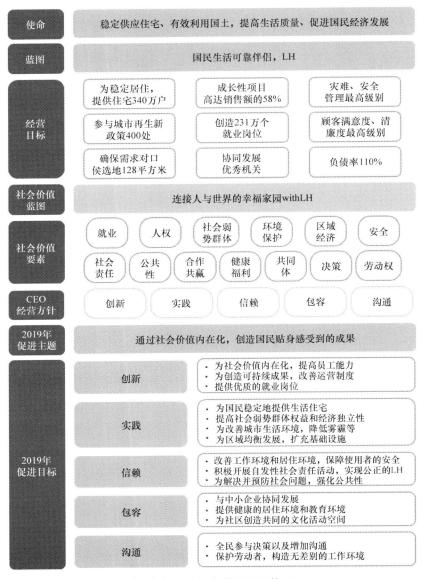

图 4-6　LH 社会价值促进体系

第四章 中韩企业社会价值案例分析

	投入8.2万亿韩元			产出5.3万亿韩元	
居住福祉	租赁供给/运营	0.6万亿韩元		节省居住费用	2.6万亿韩元
	建设租赁住宅/买入	4.0万亿韩元		节省搬家费用	0.6万亿韩元
合作共赢	产品劳务有限采购	3.0万亿韩元		中小企业成长效果	1.6万亿韩元
	筹集合作贷款基金	0.1万亿韩元		解决企业资金短缺	16亿韩元
优质就业机会	正式员工转换	7亿韩元		收入增加效果	7亿韩元
	扩大新增就业	240亿韩元		雇佣扩大效果	240亿韩元
环境	绿色产品采购	0.3万亿韩元		购买环保材料	0.3万亿韩元
	廉租房光伏/LED	23亿韩元		温室气体减排效果	4亿韩元
安全	改善廉租房设施	1483亿韩元		加强居住安全	1483亿韩元
	加强建设现场安全	2亿韩元		减少工伤	8亿韩元
地区社会贡献	社会贡献项目	115亿韩元		社会贡献项目	132亿韩元
	运营土地住宅博物馆	7亿韩元		博物馆免费开放效益	12亿韩元

图4-7 LH社会成果测评结果

其中，在主要事业——居住福利领域投入了约4.6万亿韩元，通过节约居住费和搬家费创造了3.2万亿韩元的社会成果，这分别占全体投入和创造成果的56%和60%。与投入比率（56%）相比，创造比率（60%）更高，这表明居住福利事业比其他事业更有效地创造了社会成果。

LH计划进一步完善测定标准及成果指标的客观性，提高其作为战略决策工具的利用率。

值得关注的是，本案例是利用SK的社会价值测定方法进行具体的社会价值货币测评的首个公共机关案例，是公共部门对经营活动中所创造的无形的价值进行具体化并客观地测评的典型案例。

第五章
启示与展望

一、启示

通过本次研究，中韩联合研究组深入探讨理论基础，认为企业社会价值是较企业社会责任更为先进的新理念。同时，在对社会价值的探讨之中，进行了理论创新，完善了社会价值理论体系，以便于国际各研究机构、企业进一步对企业社会价值进行探讨。本次研究得出的启示如下：

（一）企业社会价值是优于企业社会责任的新理念

相较于企业社会责任，企业社会价值是较为新兴的理念，在表现形式、宣传效果、效率评价、主体意愿等方面具有更加丰富的内涵。

一是表现形式。企业社会责任体现了企业的工作方法，如重视程度及人力、物力的投入，定性描述较多，表现较为模糊，定量效果有待提升。而企业社会价值体现效果，可以采取定量、货币化等路径转化为具体数值，更易考核。其中，货币化的指标更为直观，易于理解。

二是宣传效果。企业社会责任一般从企业自身出发，强调企业对于某一项工作的投入。而企业社会价值从效果出发，强调某项工作投入后产生的效果。对于宣传接受主体来说，更易接受息息相关的实际利益增值，特别是货币价值的增值。

三是成效评价。企业社会责任侧重于投入，难以充分考量成效，进而难以在效率基础上选择最优实现路径。而企业社会价值从投入—产出角度出发，较为充分地体现了企业社会价值工作成果、工作效率，引导企业选择创造社会价值的最优路径。如在新冠肺炎疫情期间，中石化加油站部分站点增加无接触便民蔬菜购物服务，提升了客户的便利程度、降低了购物风险，其价值可从本项工作宣传收益等方面衡量，投入相对较低，成效较大。

四是主体意愿。企业是经济主体，势必更在意成本和功效。企业社会责任大多侧重投入，往往轻视效果和投入产出比。企业社会价值从投入—产出角度，可以判断投入效率，有利于企业追求价值最大化。功效方面，企业社会价值与企业发展环境改善的关系更为紧密，更易探索企业社会价值对于经济价值的影响关系，提升企业内生工作动力。

（二）兼顾投入—产出的指标体系，有利于企业选择最优路径创造社会价值

企业的本质是为高效运转而成立的经济组织，这一基本特点使得企业在创造社会价值的过程中，必然关心成本和产出效率。中国企业履行社会责任更强调企业的投入，韩国对于企业社会价值在投入端和产出端都有探索，但未将两者联系在一起。在本次研究的过程中，联合课题组引入投入—产出思维，建立了双向对应的指标体系，同步反映成本和效益。我们认为这样的理论基础具有如下优点：

一是清晰地反映了企业社会价值的投入，为企业衡量社会价值成本提供有力支撑。投入端的规划是企业结合战略来布局社会价值创造的有力保证。清晰地获取成本信息，是企业创造社会价值的基础，有利于企业进一步完善社会价值投入规划，提升企业投入自主意愿。

二是以货币化的成果展现了企业社会价值的产出，为企业评测社会价值绩效提供框架。现有的企业社会责任研究主要集中于弄清出于价值供应者观点（企业立场）的价值。对于产出成果的研究，则更好地体现了"利益相关者"主体权益的变化。产出端的评价，体现了企业社会价值的创造效果，以货币化的形式呈现，更有利于企业进行对比分析。

三是为企业优化社会价值管理、寻求最优路径，提供分析工具。在投入—产出的基础上，企业可以清晰地判断社会价值的创造效率，进而对投入领域、运营方法、产出形式等进一步分析，寻找问题点和改善的方法。

（三）现代企业应根据内外部因素，追求"综合价值"最大化

对于企业来说，创造社会价值是其进阶追求，但企业的根本追求是创造经济价值。处于不同阶段、不同环境的企业，其创造社会价值的意愿、能力及外部环境大不相同，如果单纯以创造社会价值进行"一刀切"管理，有违基本经济规律，更有可能阻碍企业的发展。因此，"综合价值"最大化理念启示我们：

一是要根据企业自身情况，合理分配经济价值、社会价值比例，力求"综合价值"最大化。《孟子》中有言，"穷则独善其身，达则兼济天下"。对于企业，其发展阶段的不同决定了其社会价值创造需求的总量。如企业在初创阶段，势必更注重经济价值，以保证企业的生存和发展，如违背经济规律，在初创阶段就要求企业大力创造社会价值，很可能使优质的企业夭折于襁褓之中；反之，成熟的企业则需要更多地创造社会价值，带动"利益相关者"权益的整体提升。

二是需根据企业外部条件决定企业经济价值、社会价值结构及比例，促使企业与利益相关方发展利益最大化。企业外部所处的经济、社会及环境条件，同样影响了企业创造社会价值的需求。如企业处于发达国家，经济基础较好、经济增速较低、环境压力较大，应更倾向于创造社会价值，解决环境、就业等方面的社会问题；如企业处于发展中国家，则应更倾向于解决经济问题，在社会价值方面，则以社区发展、员工利益为主要方面。

三是企业社会价值应与企业战略管理相结合，保证其可持续性。企业社会价值的创造，必须结合企业战略的制定，如韩国 SK 集团将社会价值理念写入集团章程，构建相关委员会、组织机构、研究部门，为企业创造社会价值注入了强大的生命力。

（四）社会价值评测参照标准亟待完善

在本次研究评测过程中，中国国有企业类型多样，业务范围差异极大，对于社会价值的评价缺乏合理有效的标准，难以保障一致性；韩国 SK 双重底线体系虽较早开展研究，但仍缺乏全面的评估标准，各企业反馈的感受差异较大。在欧美企业，已经出现了追求"BAP（Better Alignment Project）"等国际层次的社会价值评估/报告标准

化的趋势。

中韩双方都意识到，企业社会价值的研究仍然刚刚起步，需要参照会计评估制度，进一步加强研究，尽快制定完善评估标准，设立不同产业、不同类型、不同地区企业评估参照基准值，以促进社会价值评价的一致性，便于各国各类企业应用。

二、展望

虽然本次研究卓有成效，但我们也充分认识到，企业社会价值理论还有诸多不足，仍然有完善的空间，在未来的工作中，我们将继续完善这一理论。一是进一步完善社会价值理论体系；二是在两国内部研究完善社会价值评测参照标准，为两国企业评测提供基本遵循；三是对于典型性事件、重点领域等进行专题研究，探讨企业和社会发展的关系；四是共享研究成果、增强国际合作研究，与更多国家的有志之士共同开展国际研究合作，推动更多的企业更好地创造社会价值；五是推动国际标准的建立，为企业社会价值的开展提供参考依据。

企业与社会从来就不是割裂的，企业的发展必定依托于社会的支持，同时，企业也必须为社会发展做出贡献。当今世界科技发展速度迅猛、国际经济风险抬升、贫富差距日益明显、环境问题逐渐突出，企业有责任共享发展成果，带动社会共同发展。2020年达沃斯论坛以"凝聚全球力量，实现可持续发展"为主题，旨在确立新型"利益相关者"理念，应对贫富差距、社会分裂和气候危机。中韩双方对于企业社会价值的探索，也从"利益相关者"理念出发，为促进企业更好地共享发展成果，为国际社会可持续发展提供参考工具。

大道之行，天下为公。我们认为，企业是推动国际社会更快、更好发展的重要主体之一。同时，我们相信，企业社会价值理念可以使企业和社会更好地成为有机整体，实现可持续发展，为全球发展和全人类美好生活做出贡献，谱写大同新篇章。